司馬遷的王道思想

——以史記夏殷周本紀為例

高上雯 著

臺灣 學生書局 印行

司馬遷的王道思想
——以史記夏殷周本紀為例

目　次

第一章　前言

　　司馬遷是中國歷史上具備開創性、與影響力的史學家。劉向、揚雄讚美司馬遷：「有良史之材」。[1]司馬遷首創「紀傳體」，後代史官仿效《史記》的體例撰寫歷史，影響十分地深遠。清人包世臣讚美司馬遷：「明為百王大法，非僅一代良史而已」，[2]可見，司馬遷也是一位傳承歷史文化的思想家，其藉由記錄歷史事實所欲彰顯的思想，自《史記》問世以來，即受到歷代學者的關注。

　　班固首先評論司馬遷的《史記》：

　　又其是非頗繆於聖人，論大道則先黃老而後六經，序遊俠則退處士而進姦雄，述貨殖則崇勢利而羞賤貧，此其所蔽也。然自劉向、揚雄博極羣書，皆稱遷有良史之材，服其善序事理，辨而不華，質而不俚，其文直，其事核，不虛美，不隱

1　《漢書》，卷六十二，〈司馬遷傳第三十二〉，（台北：鼎文書局，1995），頁 2738。

2　（清）包世臣，《藝舟双楫》，論文卷二，〈論《史記・六國表敘》〉，收入王水照編，《歷代文話第六冊》（上海：復旦大學出版社，2007），頁 5221。

　　惡，故謂之實錄。*3*

　　上述引文顯示，班固對司馬遷有褒亦有貶，雖然讚美司馬遷根據事實撰寫歷史，但也批評他尊崇黃老的思想傾向。其後，主張司馬遷思想傾向黃老的學者，多從班固之說，並以《史記‧太史公自序》引述司馬談〈論六家要旨〉的全文，作為認定司馬遷思想傾向於黃老的論證依據。

　　〈太史公自序〉保留了司馬談的主要思想，可視為司馬遷認同其父肯定黃老治道的優點，但這並不意味著父子兩人的思想完全一致。考慮到時代背景對司馬談與司馬遷父、子二人的影響，不應忽略司馬談見證黃老治術的成效，但司馬遷當時所經歷的，卻是另一個不同的歷史階段所帶來的時代變遷。再者，司馬遷的學、經歷與人生際遇，也與其父截然不同，班固認為司馬遷思想傾向黃老的評論，顯然有其偏見。平心而論，司馬遷也深受孔、孟學說與西漢大儒的影響，班固對此卻略而不提。學者們多以〈太史公自序〉與〈報任少卿書〉作為依據，從司馬遷繼承父志、與效法孔子傳承歷史文化的動機，來闡述司馬遷創作《史記》的目的，進而得出司馬遷傾向儒家之說。不論是主張司馬遷尊黃老抑或是尊儒者，皆能在〈太史公自序〉與《史記》文本之中，找到合理的論證依據，因此也出現了折衷之論，企圖調和尊黃老或儒家之說。*4*

3　《漢書》，卷六十二，〈司馬遷傳第三十二〉，頁 2737-2738。

4　張大可認為：「司馬談、司馬遷父子二人，思想一脈相承，對儒道兩家既尊崇又批評，取其所長，去其所短，均把它們當作自己『一家之言』的思想資料來源而加以改造利用。……司馬遷的『一家之言』不屬於陰陽、儒、

　　司馬遷的思想傾向，是否能依照後代對儒、道兩家的認知來評論，值得再釐清。然而，欲探究這個問題，除了理解司馬遷作《史記》的目的之外，應全面且深入地探討貫穿《史記》文本所呈現出的中心思想。司馬遷自述其撰寫《史記》的目的：

> 僕竊不遜，近自託於無能之辭，網羅天下放失舊聞，考之行事，稽其成敗興壞之理，凡百三十篇，亦欲以究天人之際，通古今之變，成一家之言。[5]

　　從引文可知，司馬遷撰寫《史記》，旨在「稽其成敗興壞之理」，亦即探究影響朝代「興」、「亡」、「盛」、「衰」的關鍵因素。過去學者對於上段引文的關注，多在於「亦欲以究天人之際，通古今之變，成一家之言」的解釋，[6]但對於《史記》所欲彰顯的「成敗興壞之理」，則缺乏全面而深入的探討。

墨、名、法、道中的任何一家，而是一個嶄新的思想體系。」參見氏著，〈試論司馬遷的「一家之言」〉，收入張維嶽編，《司馬遷與史記新探》（台北：崧高書社，1985），頁 103-124。張仲良主張，司馬遷「不受儒術的限制，博采各家之長，揚棄各家之短，形成了自己獨特思想的體系」，參見氏著，〈司馬遷的「功利觀」〉，收入張維嶽編，《司馬遷與史記新探》，前引書，頁 177。

5　《漢書》，卷六十二，〈司馬遷傳第三十二〉，頁 2735。

6　關於司馬遷「亦欲以究天人之際，通古今之變，成一家之言」，已有許多學者論述，例如：阮芝生，〈試論司馬遷所說的「通古今之變」〉，收入沈剛伯先生八秩榮慶論文集編輯委員會主編，《沈剛伯先生八秩榮慶論文集》（台北：聯經出版公司，1976），頁 253-284；〈試論司馬遷所說的

　　部分學者曾留意且論及司馬遷所提出的「稽其成敗興壞之理」。阮芝生分析司馬遷特重「綜其終始」的功夫，也就是「得其理，通過對事件整體的綜合考察，從中尋出演變的規律，看出歷史的意義。」[7]阮氏並指出司馬遷的「通古今之變」，「是要從古往今來種種人事演變的跡象中，找出成敗興壞的至理或定律。」[8]阮氏之文對「究天人之際」、「通古今之變」已有詳細的論述，唯就司馬遷所言的「稽其成敗興壞之理」僅指出：

> 　　從「理」上來尋求治亂、興廢、成敗、禍福的原因，司馬遷是肯定「人」的因素的。試觀史公對五帝及三代治亂、盛衰、興亡的敘述，則知其關鍵莫不在「德」，亦即莫不在「人」。[9]

　　「究天人之際」〉，《史學評論》第 6 期（1979 年 12 月），頁 39-79。施丁，〈論司馬遷的「通古今之變」〉，收入張維嶽編，《司馬遷與史記新探》，前引書，頁 67-102。張大可，〈試論司馬遷的「一家之言」〉，收入張維嶽編，《司馬遷與史記新探》，前引書，頁 103-124。李紀祥，〈太史公「成一家之言」別解〉，收入氏著，《《史記》五論》（台北：文津出版社，2007），頁 112。

7　阮芝生分析司馬遷「原始察終」的方法，又分成「謹其終始」、「察其終始」、「綜其終始」三層功夫，「『謹其終始』是記其文，把事件的終始得失都記載下來，也就是『咸表終始』；『察其終始』是察其跡，觀察事情的演變發展；『綜其終始』是得其理，通過對事件整體的綜合考察，而從其中尋出演變的規律，看出歷史的意義。」，〈試論司馬遷所說的「通古今之變」〉，前引文，頁 258。

8　阮芝生，〈試論司馬遷所說的「通古今之變」〉，前引文，頁 259。

9　阮芝生，〈試論司馬遷所說的「究天人之際」〉，前引文，頁 43。

上述引文，強調「人」在歷史發展過程中的作用，也從司馬遷對於
五帝及三代之歷史發展的敘述，歸納出「德」是影響治亂、盛衰、
興亡的關鍵因素。阮氏認為，從漢高祖至太初年間，所封王侯的三
個「表」可看出，「並察其得失、存亡、尊寵、廢辱之故，最後歸
之於「仁義」二字。」[10]阮氏大致歸結影響「成敗興壞之理」的原
因是「德」或「仁義」的概念，此說對於研究影響「成敗興壞之理」
的因素，提出了一個思考的方向。

施丁強調司馬遷考察歷史問題，「是要究明歷史上政治成敗和
國家興壞的道理」，並對「稽其成敗興壞之理」有較多具體的論述，
指出「以因循為用」是「稽其成敗興壞之理」的基本觀點，並認為：

> 司馬遷的「稽其成敗興壞之理」，主要探討歷史上的政治成
> 敗、國家興亡，同國家施政、人民情緒、國民經濟、使用人
> 材等的相互關係；從而提出了施政之當否、民心之向背、經
> 濟之榮枯、用人之得失，直接影響到歷史上的政治成敗和政
> 權興亡的看法。[11]

施氏之論，大抵歸納施政、民心、經濟與用人，都是直接影響歷史
上政治成敗與政權興亡的重要因素。施氏較具體地從《史記》文本
來舉例，然其論並未指出「稽其成敗興壞之理」的「理」為何。

---

10 阮芝生，〈試論司馬遷所說的「究天人之際」〉，前引文，頁47。

11 施丁，〈試論司馬遷的政治觀——關於「稽其成敗興壞之理」〉，《東岳
論叢》1981年第4期，頁86。

　　張大可對於「稽其成敗興壞之理」提出了較具體的解釋：

> 「稽其成敗興壞之理」則是通過考察歷史來把握歷史演進的
> 內容，認識治亂興衰的規律，為西漢一統的封建政權尋求長
> 治久安的「治道」。可以說這就是司馬遷歷史思考的出發點
> 和歸宿點。我們研究司馬遷的哲學思想、政治思想、經濟思
> 想、社會倫理思想等等，都應循著這一思考路線去分析，才
> 能把握它的實質。所以我們說「稽其成敗興壞之理」是司馬
> 遷「一家之言」的核心。[12]

上述之論，說明司馬遷「稽其成敗興壞之理」是為了從歷史發展的
治亂興衰中，尋求可以提供漢廷「治道」的參考，此即司馬遷「一
家之言」的核心。司馬遷從歷史發展的軌跡，來理解朝代「興壞成
敗之理」，可見《史記》不僅僅是一部史書，更是一部充滿政治思
想的著作。張氏的解釋，為司馬遷撰寫《史記》的標準，提供了可
供深入探究的空間。

　　李紀祥〈太史公「成一家之言」別解〉一文，對「亦欲究天人
之際，通古今之變；成一家之言。」作新的斷句，並指出前二句是
漢武帝策問的詔書旨意，而司馬遷「所探究的成果，就是一家之
言──《史記》。」其論說明了司馬遷著作的立場，「是上繼孔子，
志承《春秋》，他的『一家之言』，是宗孔子而非宗漢的，他的究

12　張大可，〈司馬遷和史記評介〉，收入張高評主編，《史記研究粹編（一）》
　　（高雄：復文圖書公司，1992），頁110。

明天人與通古今興替，也是宗孔子的，以禮義爲大宗，而非漢季改制式的推陰陽消息，言災異與五德終始。」此說爲《史記》的撰寫立場提出合理的解釋，唯《史記》的褒貶標準，並非其文所關注的重點，而未見其論。[13]

呂世浩《從《史記》到《漢書》──轉折過程與歷史意義》一書，探究政治與史學的關係，並指出「太史公所以提出『究天人之際，通古今之變』，是爲了『稽其成敗興壞之理』，以『撥亂反正』。」「在太史公原來的思想中，史學本爲通古今於一體，以論治道得失之學。」[14]呂氏點出《史記》是一部論治道得失之書，此亦爲中國傳統史學之精神，但該書之研究重點，在於比較《史記》與《漢書》治史態度的不同，也僅以漢武帝一朝，強調貶損當世以挑戰當代的看法，至於《史記》論治道得失之褒貶標準，亦非其文所關注的焦點。

孔子見王道不行，藉《春秋》進行褒貶，以「三王之道」作爲撥亂反正的標準，其所欲彰顯的王道思想，亦爲司馬遷所繼承。鄭鶴聲指出，司馬遷繼承《春秋》的傳統來作《史記》，兩者的撰述任務不同，事實敍述的注意點也相異，但以褒貶作爲處理歷史事實

---

[13] 李紀祥主張斷句應作「□，□；□。」前二句是史公成一家之言的宗旨，後一句則表示史公在探究「天人之際，古今之變」上，能成「一家之言」，參見氏著，〈太史公「成一家之言」別解〉，前引文，頁 109-125。

[14] 呂世浩，《從《史記》到《漢書》──轉折過程與歷史意義》（台北：國立台灣大學出版中心，2009），頁 340、364。

的法則是完全相同的，¹⁵然鄭氏亦未探討《史記》論述的褒貶標準
爲何。陳桐生《中國史官文化與《史記》》一書，則提出《史記》
具有王道觀：

> 司馬遷以《史記》繼孔子《春秋》而作，就是取法於孔子以
> 《春秋》弘揚王道的形式，取法於孔子對現實的深沈憂患意
> 識以及由此而來的宗教承擔精神，取法於孔子以王道文化傳
> 統貶損現實政治的做法，取法於孔子於政治系統之外另開闢
> 文化道統的理論勇氣，取法於孔子偉大的人道主義精神。¹⁶

上述引文指出，司馬遷取法孔子撰寫歷史的標準，也就是《史記》
以王道文化傳統作爲褒貶歷史的標準，以德治原則對歷代帝王政治
進行批判，並以此原則論漢武帝的文治武功。陳氏的另一著作《《史
記》與今古文經學》，則從司馬遷繼承董仲舒公羊學的思想淵源，
作爲《史記》王道觀形成的理論基礎，陳氏之說，從學術思想的角
度提出《史記》的王道觀，但其著作並未根據《史記》文本的歷史
記載加以深入闡述。¹⁷

15　鄭鶴聲，〈司馬遷生平及其在歷史學上的偉大貢獻〉，收入張維嶽編，《司
　　馬遷與史記新探》，前引書，頁 15-16。

16　陳桐生，《中國史官文化與《史記》》（汕頭：汕頭大學出版社，1998），
　　頁 200-201。

17　陳桐生，《《史記》與今古文經學》（西安：陝西人民教育出版社，1995），
　　頁 50-57。

前人大體肯定司馬遷的思想價值，也從不同的角度探討其思想的精髓，然而，過去有關「稽其成敗興壞之理」的研究，僅提出「德治」或「王道」的概念，鮮少從《史記》的文本中，有系統地印證司馬遷的王道思想。本書希望在前人的研究基礎上，深入闡述「稽其成敗興壞之理」的未盡之意。

司馬遷既欲藉歷史事實「稽其興敗成壞之理」，此「理」散見於《史記》一百三十篇之中，而在十二〈本紀〉之中顯而易見，值得深入探究。〈本紀〉為五體之首，司馬遷撰述十二〈本紀〉之目的：

> 罔羅天下放失舊聞，王迹所興，原始察終，見盛觀衰，論考之行事，略三代，錄秦漢，上記軒轅，下至於茲，著十二本紀，既科條之矣。**18**

〈本紀〉旨在考察王迹之「始」、「終」、「盛」、「衰」，記事上起黃帝，下迄漢武帝，以時間為序，略古詳今，為歷史發展之綱紀。唐人司馬貞《史記索隱》云：「紀者，記也。本其事而記之，故曰本紀。又紀、理也，絲縷有紀，而帝王書稱紀者，言為後代綱紀也。」**19**司馬貞認為十二〈本紀〉既是記事，又是《史記》的提

18 《漢書》，卷六十二，〈司馬遷傳第三十二〉，頁2723。

19 （唐）司馬貞，《史記索隱》，收入《新校本史記三家注并附編二種》（台北：鼎文書局，1995），卷一，「五帝本紀第一」條下，頁1。

綱，[20]可見，司馬遷面對龐雜眾多的史料時，對於十二〈本紀〉內容的編排，是經過「交互作用」的過程，由此提綱挈領地記述貫通古今的歷史發展過程。十二〈本紀〉尤能彰顯司馬遷與歷史「對話」的結果，因此，從十二〈本紀〉來看，可以清楚地理解司馬遷根據歷史「稽其成敗興壞之理」的「理」爲何。

　　本書以十二〈本紀〉中的〈夏本紀〉、〈殷本紀〉、〈周本紀〉三代本紀的撰寫脈絡爲主，作爲探討司馬遷「稽其成敗興壞之理」的主要研究範圍，其理由爲：第一，十二〈本紀〉之中，〈夏本紀〉、〈殷本紀〉、〈周本紀〉三篇，是現存最早，有系統且完整記載夏、殷、周三個部族的興亡盛衰史，直接反映出司馬遷於〈本紀〉中所欲彰顯「稽其成敗興壞之理」的中心思想。第二，先秦諸子普遍肯定三代的存在，[21]但是先秦典籍對於三代歷史的某些問題，卻呈現了不同的記載，從夏、殷、周三代本紀的撰寫方式，可以看出司馬

20　學者對司馬貞的兩種解釋有不同的看法，例如：阮芝生認爲，「紀」應作「記」解者，主張「紀」爲「記錄記載的意思」，應解作名詞的「記」字，參見氏著，〈論史記五體及「太史公曰」的述與作〉，《國立臺灣大學歷史學系學報》第6期（1979年12月），頁18。蕭黎則認爲，「在《史記》五體結構中，本紀是提綱，它以王朝的更替爲體系，以編年的形式排比了一代大事。」，參見氏著，〈論司馬遷的政治思想〉，收入張維嶽編，《司馬遷與史記新探》，前引書，頁159。

21　子曰：「夏禮，吾能言之，杞不足徵也。殷禮，吾能言之，宋不足徵也。文獻不足故也，足，則吾能徵之矣。」參見《論語》，卷三，〈八佾第三〉，（劉寶楠，《論語正義》，收入《諸子集成》（一），北京：中華書局，1996），頁49。

遷取捨史料之後所建構的三代歷史，由此探究，更能突顯出司馬遷透過歷史撰寫所欲傳達的「成敗興壞之理」。

透過此「理」來檢視司馬遷對秦漢歷史的褒貶，將能更合理地解釋司馬遷對其當代歷史的反思。再者，學者多以漢武帝一朝作為討論的範圍，缺乏全面探討司馬遷對漢初政治的褒貶，也因為沒有提出司馬遷撰寫歷史的標準為何，難以宏觀的角度了解司馬遷的中心思想。

綜上所述，本書擬深入探討《史記》〈夏本紀〉、〈殷本紀〉、〈周本紀〉所建構之夏、殷、周三代歷史，以理解司馬遷與史料進行「交互作用的過程」之後所欲傳達的思想。其次，本書以司馬遷總結三代歷史的「成敗興壞之理」，來檢視司馬遷對秦漢歷史的反思，期能更進一步闡明《史記》對秦漢歷史的看法。透過本書之研究，將能更清楚地瞭解司馬遷「稽其成敗興壞之理」的「理」，實為繼承孔子作《春秋》所欲彰顯的王道思想，而此亦是司馬遷在《史記》裡所欲傳達的中心思想。

第二章 司馬遷王道思想之形成

　　司馬遷字子長，左馮翊夏縣人，生卒年不詳。《史記·太史公自序》與《漢書·司馬遷傳》並沒有記載司馬遷的出生年，近、現代學者推論司馬遷的生年，多根據張守節《史記正義》[1]與司馬貞《史記索隱》[2]的記載，主要有兩種說法：一是司馬遷生於漢景帝中元五年（前 145），此說首先由王國維[3]提出，錢穆[4]、鄭鶴聲[5]、

1　唐人張守節《史記正義》注《史記·太史公自序》：「五年而當太初元年」一條云：「案：遷年四十二歲。」根據漢武帝太初元年（前 104）的年代，由此上推四十二年，可得司馬遷生於漢景帝中五年（前 145）的結論。

2　唐人司馬貞《史記索隱》注《史記·太史公自序》：「卒三歲，而遷為太史令」條下引《博物志》：「太史令茂陵顯武里大夫司馬遷，年二十八，三年六月乙卯，除六百石。」「三年」指漢武帝元封三年（前 108），由此上推二十八年，可得司馬遷生於漢武帝建元六年（前 135）的結論。

3　王國維認為，「張守節所見本作『年三十八』。三訛為二，乃事之常；三訛為四，則于理為遠。以此觀之，則史公生年當為孝景中五年，而非孝武建元六年。」收入氏著，〈太史公行年考〉，《觀堂集林》，卷十一，（北京：中華書局，1966），頁 481-514。

4　錢穆認為，「『二』字與『三』字，古書常易譌寫。《索隱》『二十八』，當係『三十八』之誤」，並認為遷十九歲「耕牧河山之陽」；年二十八，為郎中，故得「從巡祭天地鬼神」；年十九，在茂陵認識郭解而觀其人，

程金造[6]、施丁[7]等人從之。一是司馬遷生於漢武帝建元六年（前135），支持此說者，如郭沫若[8]、李長之[9]、袁傳璋[10]等人。上述兩

皆為合理的年齡，應當從《正義》之說，參見氏著，〈司馬遷生年考〉，《中國學術思想史論叢（三）》（台北：蘭臺出版社，2000），頁16-21。

5　鄭鶴聲主張王國維之說是也，其它說法不足為考據之資，不可取信。參見氏著，〈司馬遷生年問題的商榷〉，《司馬遷年譜》（上海：商務印書館，1957），頁9-10。

6　程金造綜合三家注，主張司馬遷曾見郭解、識平原君朱建之子，應已十八、九歲，遷當生於景帝中五年，針對「王國維所謂《正義》、《索隱》二人所見《博物志》本子字『數』處不同之說」，而『三』與『二』一筆之差，應為後人傳抄或版刻時的錯誤；並以《正義》常糾正《索隱》之失，反駁李長之《司馬遷之人格與風格》之論。參見氏著，〈從三家注商榷司馬遷的生年〉，《史記管窺》（西安：陝西人民出版社，1985），頁85-104。

7　施丁認為，「日本南化本《史記》『年三十八』，就是一條可貴的證據。《史記會注考證校補》（日本，1961年發行），卷八，寫明了『年二十八』的『二』，南化本就是『三』。」並主張「年四十二」是言司馬遷太初元年的年歲，為景帝中五年說提供重要的證據，《正義》注例有「特別標明某一年多大歲數」之例，以反駁李長之的論點。參見氏著，〈司馬遷生年考──兼及司馬遷入仕考〉，《杭州大學學報》第14卷第3期（1984年9月），頁124-131。

8　郭沫若引用更多居延漢簡的例子，同意王國維認為《博物志》：「太史令、茂陵、顯武里、大夫司馬〔遷〕、年二十八，三年六月乙卯，除六百石也。」為先漢記錄，上述「三年六月乙卯」是漢武帝元封三年，司馬遷為二十八歲，那他當生在武帝建元六年（前135）。參見氏著，〈太史公行年考有問題〉，《歷史研究》1955年第6期，頁125-128。

9　李長之舉出司馬遷「早失二親」、「得待罪輦轂下，二十餘年矣」、「從安國問故」等十個理由說明司馬遷生於漢武帝建元六年，《司馬遷之人格與風格》（台北：里仁書局，1999增訂版），頁20-24。

說相差十年，至今仍未有定論。可以確定的是，司馬遷的人生階段，主要是在漢武帝時期渡過的。

司馬遷歷經時代變動的洗禮與人生際遇的磨練，形塑其廣納百家之長、兼容並蓄、且獨一無二的思想體系，因而創作出博大精深的《史記》。本章分爲三節，以探討司馬遷王道思想的形成：一、繼父志述史事；二、法孔子作春秋；三、續孟子揚王道。

一、繼父志述史事

（一）家學淵源與年少的壯遊

〈太史公自序〉詳細地說明司馬遷源遠流長的家世背景，司馬氏之先出自重黎，重黎在夏、商兩代分掌天地；至周代，「司馬氏世典周史」，[11]東周惠王、襄王時期，遭逢王室內亂，司馬氏家族分散在衛、趙、秦等國。漢初，在秦國的一支傳至司馬談。漢武帝建元（前 140-135）至元封（前 110-105）年間，司馬談被任命爲「太史」，司馬氏源遠流長的家世背景，帶給司馬談傳承祖業的使命感，以及立志繼孔子之後撰寫歷史的志向。司馬談苦心栽培其子遷，遷十歲即誦習古文，二十歲開始四處遊歷：

10　袁傳璋認爲《索隱》或《正義》不能作爲推算司馬遷生年的直接證據，至於〈報任安書〉作於征和二年十一月，加以〈太史公自序〉中誦古文、南游、待罪之年皆是推算其生年的基準點。參見氏著，《太史公生平著作考論》（合肥：安徽人民出版社，2005），頁 38-92。

11　《史記》，卷一百三十，〈太史公自序第七十〉，頁 3285。

> 二十而南游江、淮，上會稽，探禹穴，闚九疑，浮於沅、湘。
> 北涉汶、泗，講業齊、魯之都，觀夫子之遺風，鄉射鄒、嶧；
> 戹困鄱、薛、彭城，過梁、楚以歸。12

上述引文顯示，司馬遷壯遊的路線，大致先向南至江淮、會稽一帶，再向北至齊、魯之地，接著又返回梁、楚地區。司馬遷年少壯遊的蹤跡，亦散見於《史記》各篇，例如：為了考察黃帝的事蹟：「西至空桐，北過涿鹿，東漸於海，南浮江淮矣。」13到楚國，參觀春申君黃歇的故城，見其宮室之盛，感慨黃歇未能當機立斷，而招致殺身之禍；14在長沙，觀屈原投江之處，「未嘗不垂涕，想見其為人」；15到淮陰，聽聞當地人言韓信的年少之志，感慨其下場；16北至魯國，景仰孔子之為人，「觀仲尼廟堂車服禮器，諸生以時習禮其家，余祗迴留之不能去云」，盛讚孔子以一布衣之身，而學者宗之；17到齊國公子孟嘗君的封地薛，感受當地好客喜士之風所

12　《史記》，卷一百三十，〈太史公自序第七十〉，頁3293。

13　《史記》，卷一，〈五帝本紀第一〉「太史公曰」，頁46。

14　《史記》，卷七十八，〈春申君列傳第十八〉，頁2399：「太史公曰：吾適楚，觀春申君故城，宮室盛矣哉！初，春申君之說秦昭王，及出身遣楚太子歸，何其智之明也！後制於李園，旄矣。語曰：『當斷不斷，反受其亂。』春申君失朱英之謂邪？」

15　《史記》，卷八十四，〈屈原賈生列傳第二十四〉，頁2503。

16　《史記》，卷九十二，〈淮陰侯列傳第三十二〉，頁2629。

17　《史記》，卷四十七，〈孔子世家第十七〉，頁1947。

形成的民情。[18]司馬遷的足跡踏遍大江南北，行萬里路的學習過程，爲他後來繼任太史，產生了莫大的影響。

司馬遷遊歷歸來，入仕爲郎中，奉朝廷之命出使西南：「奉使西征巴、蜀以南，南略邛、笮、昆明，還報命。」[19]司馬遷出使西南的經驗，也有助於撰寫《史記》的準備工作，例如：〈西南夷列傳〉詳細地描述西南夷當地的風土民情；〈司馬相如列傳〉則是生動地刻畫司馬相如與卓文君的愛情故事。司馬遷親自踏勘歷史人物的故鄉，並造訪歷史事件所發生的地點，年少時期的壯遊與出使的經歷，皆對其撰寫《史記》產生重大且深遠的影響：

第一，創新史學撰寫的新體例：司馬遷年少時期的遊歷，使其廣泛地見識到各地的風土民情，有助於發揮歷史的想像。因此，司馬遷能細膩地刻畫出人物的性格，其筆下的歷史人物總是栩栩如生、躍然紙上。更重要的是，司馬遷對人物的深刻體會，影響其開創以人物爲中心來撰寫歷史的體例，此後，紀傳體更成爲中國正史的撰寫體例，對中國史學的發展影響深遠。

第二，創新史學研究的方法：司馬遷遊歷大江南北的過程中，除了親自探訪「天下遺文古事」發生的地點、體察各地的風土民情、搜集遺聞舊事以印證文獻的記載之外，並與當地「長老」訪談，進行口述歷史和田野調查的工作。這種史學研究方法，在當時可謂創新、且兼具科學性，至今仍爲史學研究的基本方法。

18　《史記》，卷七十五，〈孟嘗君列傳第十五〉，頁 2363：「世之傳孟嘗君好客自喜，名不虛矣。」

19　《史記》，卷一百三十，〈太史公自序第七十〉，頁 3293。

第三，建立宏觀的史學視野：司馬遷年少壯遊的經歷，使其增廣見聞，豐富了人生的歷鍊，從而建立起寬闊的視野，故能以宏觀的角度來審視歷史發展的軌跡，進而創造出多元、且兼容並蓄的思想，成就《史記》獨樹一格的史觀。

（二）漢初大儒對司馬遷的影響

漢初大儒對司馬遷的影響頗深，其中尤以孔安國與董仲舒為最。孔安國是孔子的十二代孫，漢武帝時代的今、古文大家，《漢書·儒林傳》記載：

> 孔氏有古文《尚書》，孔安國以今文字讀之，因以起其家逸《書》，得十餘篇，蓋《尚書》茲多於是矣。遭巫蠱，未立於學官。安國為諫大夫，授都尉朝。而司馬遷亦從安國問故。遷書載〈堯典〉、〈禹貢〉、〈洪範〉、〈微子〉、〈金縢〉諸篇，多古文說。[20]

司馬遷曾向孔安國問學，《史記》各篇徵引《尚書》者多，可見這段學習的經驗，對司馬遷撰寫《史記》產生了重要且直接的影響。

董仲舒是漢景帝時期的博士，曾任江都相、膠西相，史載：

> 董仲舒，廣川人也。以治春秋，孝景時為博士。下帷講誦，弟子傳以久次相受業，或莫見其面，蓋三年董仲舒不觀於舍

---

[20] 《漢書》，卷八十八，〈儒林傳第五十八〉，頁 3607。

園，其精如此。進退容止，非禮不行，學士皆師尊之。今上
即位，為江都相。……
董仲舒為人廉直。……至卒，終不治產業，以脩學著書為事。
故漢興至于五世之閒，唯董仲舒名為明於《春秋》，其傳公
羊氏也。[21]

董仲舒治學專心，尤其精通《公羊春秋》，為西漢的大儒之一，弟
子眾多。文獻並未見到司馬遷師承董仲舒的直接史料，而漢代非常
重視師承，若司馬遷曾師事董仲舒，司馬遷應會有清楚的交待。劉
炳福[22]、吳汝煜[23]、張大可[24]、袁傳璋[25]、阮芝生[26]諸家，從司馬遷

21　《史記》，卷一百二十一，〈儒林列傳第六十一〉，頁 3127-3128。

22　劉炳福主張：「司馬遷的思想雖然受到他父親的道家思想影響，甚至還受
到其它學派的影響，但他的中心思想卻是淵源於董仲舒的儒家思想。」參
見氏著，〈司馬遷的政治思想〉，《學術月刊》1963 年第 11 期，頁 59。

23　吳汝煜認為：「司馬遷的《春秋》學是董仲舒傳授的，屬於公羊系統。」
參見氏著，〈司馬遷的儒道思想辨析〉，《人文雜志》，1984 年第 3 期，
頁 84。

24　張大可根據施之勉的《董子年表訂誤》，主張司馬遷壯游歸來京師：「受
學於董仲舒，當在董仲舒家居茂陵之時，即元狩元年至元狩六年之間，也
就是司馬遷二十五至二十九歲之間。」參見氏著，《司馬遷評傳》（北京：
華文出版社，2005），頁 58。

25　袁傳璋根據漢武帝詔太子受《公羊春秋》，而太子劉據於元狩元年立為太
子，主張司馬遷從董仲舒學習《公羊春秋》必在元狩年間（前 122-117），
參見氏著，《太史公生平著作考論》（合肥：安徽人民出版社，2005），
頁 8-9。

與董仲舒兩人的時間交集、與司馬遷對《春秋》作意的理解本於董仲舒等論點，推論出司馬遷曾經向董仲舒學習《公羊春秋》；而施丁則持保留的態度，認為史無明文記述。[27]

〈太史公自序〉有「余聞董生曰」之言，「董生」即董仲舒，司馬遷撰寫壺遂問孔子為何作《春秋》時，引用了董仲舒、孔子、先人之言加以闡述，由此可見，司馬遷對於孔子《春秋》作意的理解主要來自於此。

董仲舒的確是形塑司馬遷思想的重要人物之一，學者多從司馬遷的儒家思想傾向，主張其受到董仲舒的影響或是師承的關係。[28]

---

26 阮芝生主張司馬遷「為董仲舒、孔安國弟子」，參見氏著，〈司馬遷之心——「報任少卿書」析論〉，《臺大歷史學報》第 26 期（2000 年 12 月），頁 185。

27 施丁認為司馬遷「是做過董仲舒的弟子，還是一般的請教，史無明文記述，不得而知。」參見氏著，〈司馬遷生年考〉，收入張維嶽編，《司馬遷與史記新探》，前引書，頁 44。

28 學者對於司馬遷承襲董仲舒思想的看法如下：錢穆認為，「司馬遷的史學及其創作《史記》的精神和義法，據他自述，是獲之於仲舒之啟示。」參見氏著，〈中國古代大史家司馬遷〉一文《中國學術思想史論叢（三）》，（台北：蘭臺出版社，2000），頁 9。劉炳福認為，司馬遷的思想不屬於道家，〈自序〉中保留〈論六家要旨〉只是記述家學；他的中心思想卻是淵源於董仲舒的儒家思想。參見氏著，〈司馬遷的政治思想〉，前引文，頁 59。轟石樵認為，司馬遷對六經經義的解釋，與董仲舒之間有師承的關係，且在經學思想上，受公羊派的影響很深，參見氏著，〈論司馬遷的思想〉，收入張高評編，《史記研究粹編（一）》，前引書，頁 398-399。韋葦認為，董仲舒對儒家的推崇與企圖影響君主的思想，對司馬遷產生不可低估的影響，故司馬遷在崇尚道家之同時，更尊崇儒家的思想。參見氏著，《司馬遷的經濟思想》（西安：陝西人民教育出版社，1995），頁 60。

然而，有些學著認為董仲舒與司馬遷的思想仍有所分別，張大可認為，司馬遷對於董仲舒的公羊家學說，各有批判與繼承之處，批判表現如：懷疑和諷刺災異說、不取公羊家的諱飾態度、不貴虛名；而繼承其頌揚湯武革命、尊王攘夷與大一統的思想、崇讓與尚恥之義。[29]陳桐生具體地提出，司馬遷以董仲舒公羊學作為《史記》「厥協六經異傳」的綱領，但兩者的思想存在著相當大的歧異。例如：司馬遷高揚「士」的獨立人格、與自由的創造精神，董仲舒則主張尊君抑臣；司馬遷義、利並重，與董仲舒所主張的重義輕利不同；司馬遷以《春秋》暗寓褒貶的筆法批評政治，而董仲舒則借災異批評時政。[30]

　　總體而言，司馬遷十歲即開始誦習古文，受孔安國與董仲舒等當代大儒的影響頗深，不論是多方的請益與學習，或是其行萬里路所拓展的視野，皆奠定了其撰寫《史記》的學養基礎。

（三）繼承司馬談的未竟之志

　　司馬遷一生，受到父親司馬談的影響很深。談生於文、景時代，其所學、所見聞皆與盛行黃老思想的時代有著十分密切的關係。〈太史公自序〉記載：「太史公學天官於唐都，受《易》於楊何，習道論於黃子。」[31]除了史官必備的天文學與易學的知識之外，司馬談師承楊何、黃子，深受當代顯學 ── 黃老之學的影響。

29　張大可，《司馬遷評傳》，前引書，頁 58-62。

30　陳桐生，《《史記》與今古文經學》，前引書，頁 71。

31　《史記》，卷一百三十，〈太史公自序第七十〉，頁 3288。

　　歷史上的每一個時代，皆有其盛行的主流思想，不同時代的人，無形中也會受到時代背景的影響，司馬談如此，司馬遷亦復是。《史記·平準書》描述：「漢興，接秦之弊，丈夫從軍旅，老弱轉糧饟，作業劇而財匱，自天子不能具鈞駟，而將相或乘牛車，齊民無藏蓋。」[32]在漢高祖登基之後，百廢待舉，當務之急在於重整國力，解決戶口減少[33]與經濟困頓的難題。漢高祖任用蕭何為相，「因民之疾（奉）〔秦〕法，順流與之更始。」[34]其後，蕭規曹隨，無為而治，[35]惠帝、呂太后時期，國力逐漸復甦，史稱：「刑罰罕用，罪人是希。民務稼穡，衣食滋殖。」[36]文、景兩代尚儉無爭，順民之情，對內繼續無為而治的施政方針，對外採取與匈奴和親的政策，成就文景治世。由於黃老之學符合時代的需求，加以在上位者好之，因此，黃老思想在當時十分地盛行。

　　自漢高祖至武帝即位，漢朝已經開國六十餘年（前202-140），與民休息的政策，日見成效，〈平準書〉記載：

32　《史記》，卷三十，〈平準書第八〉，頁1417。

33　《史記》，卷五十六，〈陳丞相世家第二十六〉，頁2058：高祖行經曲逆，曰：「壯哉縣！吾行天下，獨見洛陽與是耳。」顧問御史曰：「曲逆戶口幾何？」對曰：「始秦時三萬餘戶，間者兵數起，多亡匿，今見五千戶。」《漢書》，卷一下，〈高帝紀第一下〉，頁54：「民前或相聚保山澤，不書名數，今天下已定，令各歸其縣，復故爵田宅，吏以文法教訓辨告，勿笞辱。」

34　《史記》，卷五十三，〈蕭相國世家第二十三〉，頁2020。

35　《漢書》，卷二十三，〈刑法志第三〉，頁1097：「填以無為，從民之欲，而不擾亂。是以衣食滋殖，刑罰用稀。」

36　《史記》，卷九，〈呂太后本紀第九〉，頁412。

至今上即位數歲，漢興七十餘年之閒，國家無事，非遇水旱之災，民則人給家足，都鄙廩庾皆滿，而府庫餘貨財。京師之錢累巨萬，貫朽而不可校。太倉之粟陳陳相因，充溢露積於外，至腐敗不可食。[37]

上述引文指出，漢初歷經高祖、惠帝、文帝、景帝四代的休養生息之後，政治安定，人口增加，府庫充實，提供了武帝開創新時代的必要條件。

司馬談見證漢初順應時勢，實行黃老無爲的實質成效，是以〈論六家要旨〉的內容，呈現出特別肯定道家的治道思想，主張道家之術結合陰陽、儒、墨、名、法的優點，因時制宜，包容其它五家的特點，是易收成效的治道選擇。[38]司馬談「愍學者之不達其意而師悖」，因此，作〈論六家要旨〉一文，綜論春秋戰國以來，陰陽、儒、墨、道、法、名等六家的治道得失。[39]綜上所述，不論是從司馬談的學習經驗、或是從當時的時代背景來看，其思想確實與黃老之學密不可分。

元封元年（前110），漢武帝至泰山進行封禪，司馬談躬逢其

37　《史記》，卷三十，〈平準書第八〉，頁1420。

38　《史記》，卷一百三十，〈太史公自序第七十〉，頁3289：「道家使人精神專一，動合無形，贍足萬物，其為術也，因陰陽之大順，采儒墨之善，撮名法之要，與時遷移，應物變化，立俗施事，無所不宜，指約而易操，事少而功多。」

39　《史記》，卷一百三十，〈太史公自序第七十〉，頁3288-3289：「夫陰陽、儒、墨、名、法、道德，此務為治者也，直所從言之異路，有省不省耳。」

時，得以隨行，不幸行至周南而病倒。司馬遷出使歸來，見父親最
後一面，司馬談掛念《史記》未成，臨終託付：

> 太史公執遷手而泣曰：「余先周室之太史也。自上世嘗顯功
> 名於虞夏，典天官事。後世中衰，絕於予乎？汝復為太史，
> 則續吾祖矣。今天子接千歲之統，封泰山，而余不得從行，
> 是命也夫，命也夫！余死，汝必為太史；為太史，無忘吾所
> 欲論著矣。且夫孝始於事親，中於事君，終於立身。揚名於
> 後世，以顯父母，此孝之大者。夫天下稱誦周公，言其能論
> 歌文武之德，宣周邵之風，達太王王季之思慮，爰及公劉，
> 以尊后稷也。幽厲之後，王道缺，禮樂衰，孔子脩舊起廢，
> 論詩書，作春秋，則學者至今則之。自獲麟以來四百有餘歲，
> 而諸侯相兼，史記放絕。今漢興，海內一統，明主賢君忠臣
> 死義之士，余為太史而弗論載，廢天下之史文，余甚懼焉，
> 汝其念哉！」遷俯首流涕曰：「小子不敏，請悉論先人所次
> 舊聞，弗敢闕。」*40*

上述司馬談的臨終遺言，強調了二個重點：第一，司馬氏任「太史」
的傳統：司馬氏的先祖在西周時代即擔任太史的傳統，談擔任太
史，其子遷也有繼任為太史的責任。

　　第二，司馬談對於「太史」職責的認知：司馬談一再強調：「後
世中衰，絕於予乎」、「毋忘吾所欲論著者」、「予為太史而不論

40　《史記》，卷一百三十，〈太史公自序第七十〉，頁3295。

載廢天下之文，予甚懼焉」，這些話不僅道出司馬談對於「太史」職責的認知，同時也透露出他來不及傳承祖業的遺憾、與他欲實現撰寫歷史的志向。

　　從上述二個重點可知，司馬談的自我期許，不僅僅只是記錄歷史而已，更是希望透過撰寫歷史的過程，繼承周公之志、彰顯文武之德，並效法孔子作《春秋》的大志。司馬談抱撼而終，只能將其未竟之志交付其子，並期許遷能完成《史記》之重責大任。司馬遷允諾實現父親撰寫歷史的宏願，這不僅是善盡人子之道的孝心，也是肩付傳承歷史文化的肇端。司馬談的臨終託付，對司馬遷而言，是他人生的第一個重大轉捩點。

　　〈太史公自序〉記載，司馬談「卒三歲而遷爲太史令，紬史記石室金匱之書。」[41]元封三年（前 108），司馬遷繼任爲太史令，得以博覽宮中藏書：

> 周道廢，秦撥去古文，焚滅《詩》《書》，故明堂石室金匱玉版圖籍散亂。……百年之閒，天下遺文古事靡不畢集太史公。太史公仍父子相續纂其職。[42]

《漢書·藝文志》也記載：

> 漢興，改秦之敗，大收篇籍，廣開獻書之路。迄孝武世，書

41　《史記》，卷一百三十，〈太史公自序第七十〉，頁 3296。
42　《史記》，卷一百三十，〈太史公自序第七十〉，頁 3319。

缺簡脫，禮壞樂崩，聖上喟然而稱曰：「朕甚閔焉！」於是
建藏書之策，置寫書之官，下及諸子傳說，皆充祕府。[43]

由於秦始皇的焚書，扼殺了春秋戰國以來自由奔放的學術風氣，古
代的文獻也流散各地。漢惠帝四年（前 191）廢除挾書律，[44]始恢
復流傳書籍的自由風氣，宮中圖書才得以逐漸充實。文帝時，賈誼
首開文治之風，主張闡揚文教、移風易俗，除了漢廷開始重視書籍，
漢初諸侯王亦多好書，大量徵求天下遺書的作為，讓學術發展逐漸
趨於活躍。[45]武帝時期，宮中圖書收藏大增，據統計，《史記》中
提到的先秦及漢代書籍共有八十八種，[46]為司馬遷撰寫《史記》提
供了豐富的參考資料。

二、法孔子作春秋

（一）李陵之禍激發司馬遷的撰寫自覺

　　司馬遷父子所處的時代不同，人生的經歷也大不相同，父、子
兩代皆為太史，而兩者志在繼孔子作《春秋》之業的理念則是相同

43　《漢書》，卷三十，〈藝文志第十〉，頁 1701。

44　《漢書》，卷二，〈惠帝紀第二〉，頁 90：「四年……除挾書律。」

45　漢初諸侯王好招徠遊士，其中最負盛名者，例如：河間獻王德，好先秦古
　　文舊書，民間獻書實賜以金帛，四方之人獻書者眾；淮南王安亦好書，招
　　集賓客著《淮南王書》，內容含蓋百家之言。

46　阮芝生，〈太史公怎樣搜集和整理史料〉，《書目季刊》第 7 卷第 4 期（1974
　　年 3 月），頁 18。

的。司馬遷年少時期的壯遊與學習，以及擔任太史之後的博覽群書，已經爲他繼承父親的寫史志業做好準備，然而，李陵之禍爲司馬遷帶來人生的第二個轉捩點，加深其完成《史記》的自覺。

天漢二年十月（前99），漢武帝派貳師將軍李廣利出擊匈奴，騎都尉李陵負責輜重。李陵是漢初「飛將軍」李廣之孫，素有大志，自請出兵深入單于庭。李陵率領五千步兵，受匈奴單于三萬軍隊包圍，奮戰數日，援盡兵敗。

漢廷得到李陵戰敗的消息，司馬遷與李陵雖素無深交，但觀其平日爲人，急公好義，[47]於是在朝堂上爲之仗義直言：

> 且李陵提步卒不滿五千，……與單于連戰十餘日，所殺過當。……身雖陷敗，彼觀其意，且欲得其當而報漢。[48]

司馬遷認爲李陵身陷險境，奮戰十餘日，以寡擊眾已屬不易，推測李陵應有立功補過之意。不料司馬遷爲之遊說，卻招致「誣上」的罪名，至天漢三年（前98），遭受腐刑。[49]

---

47 《漢書》，卷六十二，〈司馬遷傳第三十二〉，頁 2729：「夫僕與李陵俱居門下，素非相善也，趣舍異路，未嘗銜盃酒接殷勤之歡。然僕觀其爲人自奇士，事親孝，與士信，臨財廉，取予義，分別有讓，恭儉下人，常思奮不顧身以徇國家之急。其素所畜積也，僕以爲有國士之風。夫人臣出萬死不顧一生之計，赴公家之難，斯已奇矣。今與事壹不當，而全軀保妻子之臣隨而媒孽其短，僕誠私心痛之。」

48 《漢書》，卷六十二，〈司馬遷傳第三十二〉，頁 2729-2730。

49 《漢書》，卷五十四，〈李廣蘇建傳第二十四〉，頁 2456：「初，上遣貳師大軍出，財令陵爲助兵，及陵與單于相值，而貳師幼少。上以遷誣罔，

司馬遷在〈報任安書〉中，較清楚地記載了遭受李陵之禍的心路歷程：

> 明主不深曉，以為僕沮貳師，而為李陵游說，遂下於理。拳拳之忠，終不能自列，因為誣上，卒從吏議。家貧，財賂不足以自贖，交遊莫救，左右親近不為壹言。身非木石，獨與法吏為伍，深幽囹圄之中，誰可告愬者！此正少卿所親見，僕行事豈不然邪？李陵既生降，隤其家聲，而僕又茸以蠶室，重為天下觀笑。悲夫！悲夫！
>
> 事未易一二為俗人言也。僕之先人非有剖符丹書之功，文史星曆近乎卜祝之間，固主上所戲弄，倡優畜之，流俗之所輕也。假令僕伏法受誅，若九牛亡一毛，與螻蟻何異？而世又不與能死節者比，特以為智窮罪極，不能自免，卒就死耳。何也？素所自樹立使然。人固有一死，死有重於泰山，或輕於鴻毛，用之所趨異也。**50**

欲沮貳師，為陵游說，下遷腐刑。」錢穆〈太史公考釋〉一文指出，「漢制以腐刑免死，其事始見於景帝之中四年，作陽陵，赦死罪，欲腐者許之。……遷之下蠶室，免死罪，乃由其終無以自贖，乃自乞腐刑以免死，大體可推」，收入氏著，《中國學術思想史論叢（三）》（台北：蘭臺出版社，2000），頁29。阮芝生指出，四年秋九月，「令死罪（人）〔入〕贖錢五十萬減死一等。」（《漢書‧武帝紀》）從這條法令來看，約需五十萬錢左右。參見氏著，〈司馬遷之心——〈報任少卿書〉析論〉，前引文，頁183。

50 《漢書》，卷六十二，〈司馬遷傳第三十二〉，頁2730-2732。

上述引文顯示，司馬遷面對突如其來的牽連，其財力不足以減死一等，親友亦無一人相救，只能在死刑與腐刑的兩難之中作出選擇。無論是選擇一死了之，抑或是受刑苟活，皆非一般人所能理解。《史記》未成，司馬遷已先受辱名，他決意不死的理由，是善盡人子之道，完成父親臨終遺命的責任感；更深一層的涵義，則是他對自我生命的期許。李陵之禍對司馬遷而言，不僅僅是身體的折磨與心志的磨鍊，更是一次真切體會人情世故與政治現實的震憾歷程。論者多同意這個突如其來的人生變化，為司馬遷的思想帶來極大的衝擊，[51]這個轉變，讓司馬遷的寫史心態產生了變化，從繼承父祖之業的使命感，轉變為效法先賢，發憤著書的一種自覺。

司馬遷選擇以腐刑贖命，〈太史公自序〉明白地指出他決於不死的理由，是為了完成《史記》：

> 退而深惟曰：「夫《詩》《書》隱約者，欲遂其志之思也。昔西伯拘羑里，演《周易》；孔子戹陳蔡，作《春秋》；屈原放逐，著〈離騷〉；左丘失明，厥有《國語》；孫子臏腳，

51　袁伯誠認為，李陵之禍使司馬遷樹立卓越的生死觀，且深刻地影響其由維護王朝統治秩序的正宗思想，發展為憤世嫉俗的異端思想；再者，西漢全盛時期的新局面，以及獨尊儒術的時代條件，加以批判的學風精神，皆其「發憤著書」的原因。參見氏著，〈試論司馬遷「發憤著書」的因素和條件——兼論《史記》成功的原因〉，收入張維嶽編，《司馬遷與史記新探》，前引書，頁53-66。吳汝煜也認為李陵之禍讓司馬遷樹立了卓越的生死觀，武帝希望李陵戰死，司馬遷卻為他的生降辯護。參見氏著，〈司馬遷所遭「李陵之禍」的探討——兼談司馬談與漢武帝的一段關係〉，《徐州師範大學學報》1982年第4期，頁65。

而論兵法；不韋遷蜀，世傳《呂覽》；韓非囚秦，〈說難〉、〈孤憤〉；《詩》三百篇，大抵賢聖發憤之所為作也。此人皆意有所鬱結，不得通其道也，故述往事，思來者。」於是卒述陶唐以來，至于麟止，自黃帝始。[52]

司馬遷取法先賢以自勵，西伯、孔子、屈原、左丘明、孫子、呂不韋、韓非等人，都曾遭逢困境，也因此發憤著述而揚名於後世。正如〈報任安書〉所言：「所以隱忍苟活，函糞土之中而不辭者，恨私心有所不盡，鄙沒世而文采不表於後也。」[53]

清人包世臣明白地指出：「實緣自被刑後，所為不死者，以《史記》未成之故。是史公之身乃《史記》之身，非史公所得自私，史公可為少卿死，而史記必不能為少卿廢也。」[54]包氏強調「史公之身乃《史記》之身」，司馬遷選擇苟活的原因，主要是為了完成《史

---

52 《史記》，卷一百三十，〈太史公自序第七十〉，頁3300。〈報任安書〉也提及先賢發憤著述，唯文字稍不同：「古者富貴而名摩滅，不可勝記，唯俶儻非常之人稱焉。蓋西伯拘而演《周易》；仲尼厄而作《春秋》；屈原放逐，乃賦〈離騷〉；左丘失明，厥有《國語》；孫子臏腳，兵法修列；不韋遷蜀，世傳《呂覽》；韓非囚秦，〈說難〉、〈孤憤〉。《詩》三百篇，大抵賢聖發憤之所為作也。此人皆意有所鬱結，不得通其道，故述往事，思來者。及如左丘明無目，孫子斷足，終不可用，退論書策以舒其憤，思垂空文以自見。」參見《漢書》，卷六十二，〈司馬遷傳第三十二〉，頁2735。

53 《漢書》，卷六十二，〈司馬遷傳第三十二〉，頁2733。

54 （清）包世臣，《藝舟雙楫》，論文卷二，〈復石贛州書〉，前引書，頁5224。

記》，此等志向不會因任少卿而改變，更不會爲了任何原因而改變。阮芝生分析「司馬遷之心」，就是「自乞宮刑，隱忍苟活，完成《史記》，以雪恥揚親，並對自己、對父親、對歷史文化做出交代。」[55]

司馬遷以親身的經歷，深刻體會到管仲、季布忍辱奮鬥的內心世界，理解歷史上被刑受辱之人，其之所以能不畏世人眼光而苟活的理由，是因爲他們也有成就自我之志。春秋時代的齊相管仲，曾射殺公子小白，棄公子糾，自魯歸齊任相，管仲嘗言：「吾幽囚受辱，鮑叔不以我爲無恥，知我不羞小節而恥功名不顯於天下也。」[56]世人多非難管仲不做公子糾的死節之臣，唯獨孔子美其一匡九合之功：「如其仁！如其仁。」[57]司馬遷認知到死與不死之間的抉擇，非必得到世人的諒解，誠如孔子認爲管仲不死子糾一事：「豈若匹夫匹婦之爲諒也，自經於溝瀆而莫知之也。」[58]

楚國的壯士季布，也是忍辱成就自我的典型：「然至被刑戮，爲人奴而不死，何其下也！彼必自負其材，故受辱而不羞，欲有所

---

55 阮芝生，〈司馬遷之心──「報任少卿書」析論〉，前引文，頁204。

56 《史記》，卷六十二，〈管晏列傳第二〉，頁2132。

57 《論語》，卷十七，〈憲問第十四〉，頁311-315：子路與子貢分別問孔子有關管仲不爲公子糾死之事。子路曰：「桓公殺公子糾，召忽死之，管仲不死。曰：未仁乎？」子曰：桓公九合諸侯，不以兵車，管仲之力也。如其仁，如其仁！」子貢曰：「管仲非仁者與？桓公殺公子糾，不能死，又相之。」子曰：管仲相桓公，霸諸侯，一匡天下，民到于今受其賜。微管仲，吾其被髮左衽矣！豈若匹夫匹婦之爲諒也，自經於溝瀆而莫之知也。」

58 《論語》，卷十七，〈憲問第十四〉，頁315。

用其未足也，故終爲漢名將。」[59]季布能拋棄世人批評的眼光，開創自我生命的光輝，終成爲漢初名將。管仲與季布都是爲了發揮所長，盡己之道而活，從司馬遷對此二人的記述，可以理解他認同眞正的恥辱不是受刑，而是「恥功名未顯於天下」，此亦是司馬遷選擇活下來完成《史記》的理由。

司馬談的臨終遺命，對司馬遷而言，是傳承家學與善盡人子之道的使命；而李陵之禍，則是激發他寫史志業的磨難與試鍊。司馬遷選擇效法先賢發憤著述，此舉不僅是盡人子之道、不辱父命的積極表現，同時也是司馬遷通過人世間無情的考驗，而產生發憤著述的自覺。此等自覺，是效法孔子等先賢著述的自我期許，因此，司馬遷選擇完成《史記》，是經過深思的成熟決定，父親的臨終遺命與效法孔子的自覺，皆是支持他通過命運的考驗、突破爲人所役的困境、與超越個人短暫生命屈辱的重要力量。也唯有如此充滿力量的堅定意志，才能突破身心的折磨，支持司馬遷完成《史記》的撰寫工作，成就一部不朽的傳世巨著。

（二）繼孔子春秋之業以達王道

司馬遷秉承父志，撰寫歷史的使命感早已深植其心，父、子兩代皆有繼承孔子作《春秋》的志向：

> 太史公曰：「先人有言：『自周公卒五百歲而有孔子。孔子卒後至於今五百歲，有能紹明世，正《易傳》，繼《春秋》，

---

[59] 《史記》，卷一百，〈季布欒布列傳第四十〉，頁2735。

> 本《詩》、《書》、《禮》、《樂》之際？』意在斯乎！意
> 在斯乎！小子何敢讓焉。」[60]

從上段引文可知，司馬遷作《史記》，不僅是善盡太史記錄歷史的
職責而已，「小子何敢讓焉」，頗有繼承周公、孔子之業，捨我其
誰的豪情壯志。誠如錢穆所強調：「這說明他的史記，承襲了孔子
春秋，隨續著文化傳統、古經典之大義而著筆。」[61]袁傳璋指出，
中華民族的文明發展史中，周公、孔子、司馬遷等三位巨人，在
不同的歷史階段進行中華文明的整合。[62]袁氏已經留意周公、孔
子、與司馬遷三者的關聯性，並縱觀三人在歷史文化中的地位。事
實上，司馬談的臨終遺言，已經清楚地表達從周公至孔子所欲彰顯
的王道精神，然而，學者們大多只留意司馬談父子效法孔子作《史
記》之志，卻忽略了司馬遷所欲彰顯的中心思想實為「王道」思想。

　　《史記》多處闡明孔子作《春秋》以彰顯王道思想之用意，〈十
二諸侯年表〉云：

60　《史記》，卷一百三十，〈太史公自序第七十〉，頁 3296。

61　錢穆，〈中國古代大史學家司馬遷〉，《中國學術思想史論叢（三）》，
　　前引書，頁 10。

62　袁傳璋指出，「司馬遷上繼周公、孔子，是中華文明偉大的整合者。（1）
　　周公鑒於二代制禮作樂：首次文明整合，以『德』釋天命。（2）孔子祖
　　述堯舜，憲章文武，整編五經而作《春秋》：第二次文明整合，首創『仁』
　　學。（3）司馬遷『述往事，思來者』作《太史公書》：第三次文明整合，
　　提出『法天則地』。」參見氏著，《太史公生平著作考論》前引書，頁
　　31-35。

是以孔子**明王道**，干七十餘君，莫能用，故西觀周室，論史
記舊聞，興於魯而次《春秋》，上記隱，下至哀之獲麟，約
其辭文，去其煩重，以制義法，**王道備**，人事浹。[63]

〈儒林列傳〉云：

故孔子**閔王路廢**而邪道興，於是論次《詩》《書》，修起禮
樂。……故因史記作《春秋》，以當王法，其辭微而指博，
後世學者多錄焉。[64]

〈太史公自序〉曰：

周室既衰，諸侯恣行。仲尼悼禮廢樂崩，追脩經術，**以達王
道**，匡亂世反之於正，見其文辭，為天下制儀法，垂《六藝》
之統紀於後世。作〈孔子世家〉第十七。[65]

綜合以上三段引文可知，孔子向國君提倡「王道」思想而不見用，
是孔子將「王道」思想寄託於《春秋》之中，「以制義法」。「追
脩經術」，是「為天下制儀法」、「以當王法」，也就是以「王道」
為準則，期能扭轉世間之亂，使之反歸正道。

---

63 《史記》，卷十四，〈十二諸侯年表第二〉，頁 509。

64 《史記》，卷一百二十一，〈儒林列傳第六十一〉，頁 3115。

65 《史記》，卷一百三十，〈太史公自序第七十〉，頁 3310。

　　熊十力解釋「王」之意：「王不謂君主也。王者，往義。天下
所共同往之最高理想，與最適用於共存共榮而極備之法紀、制度，
是春秋之所謂王事也。」[66]《春秋》之「王道」思想，並非只爲世
間君主所設，而是世人追求的普世價值，可作爲君主施政參考的基
本原則。

　　司馬遷所欲繼承孔子的，不單單只是撰寫歷史而已，而是更進
一步地想藉由撰寫歷史來闡明王道的思想，這也是前人所未詳論，
而本書所欲深入探討者。

　　《孟子》詮釋孔子作《春秋》，也曾直接引用孔子之言：

> 世衰道微，邪說暴行有作，臣弒其君者有之，子弒其父者有
> 之。孔子懼，作《春秋》。《春秋》，天子之事也。是故孔
> 子曰：「知我者，其惟《春秋》乎！罪我者，其惟《春秋》
> 乎！」[67]
> 孟子曰：「王者之迹熄而《詩》亡，《詩》亡，然後《春秋》
> 作。晉之《乘》、楚之《檮杌》、魯之《春秋》，一也。其
> 事則齊桓、晉文，其文則史。孔子曰：『其義則丘竊取之
> 矣。』」[68]

66　熊十力，《韓非子評論》（台北：台灣學生書局，1977），頁5。

67　《孟子》，卷六，〈滕文公章句下〉，（焦循，《孟子正義》，收入《諸
　　子集成》（一），北京：中華書局，1996），頁266-267。

68　《孟子》，卷八，〈離婁章句下〉，頁337-338。

焦循注解上述第一段引文:「世道衰微,周衰之時也。孔子懼王道
遂滅。故作《春秋》。因魯史記,設素王之法,謂天子之事也。知
我者,謂我正王綱也。罪我者,謂時人見彈貶者。言孔子以《春秋》
撥亂也。」[69]《春秋》繼《詩》而作,孔子行王者之事,因此,孔
子才會說,能理解他的,只有《春秋》;而能怪罪他的,也只有《春
秋》。孔子懼怕王道滅而作《春秋》,因此,以「王道」的標準,
來褒貶現實政治的人事,批評當時邪說暴行的政治亂象,故曰「其
義則丘竊取之矣」。此外,上述孟子對於《春秋》的詮釋,也已呈
現其對孔子作《春秋》的理解,其「仁政」的主張,就是將「王道」
的思想發揚光大。

　　〈太史公自序〉中,司馬遷與壺遂的對話,一直是學者們討論
司馬遷的《史記》是繼《春秋》而作的重要史料。而司馬遷的回答,
實為呈現他個人為何繼承孔子的理由,以及其所欲彰顯的王道思
想:

> 上大夫壺遂曰:「昔孔子何為而作春秋哉?」太史公曰:「余
> 聞董生曰:『周道衰廢,孔子為魯司寇,諸侯害之,大夫壅
> 之。孔子知言之不用,道之不行也,是非二百四十二年之中,
> 以為天下儀表,貶天子,退諸侯,討大夫,**以達王事**而已矣。』
> 子曰:『我欲載之空言,不如見之於行事之深切著明也。』
> 夫《春秋》,上明三王之道,下辨人事之紀,別嫌疑,明是

---

69 焦循,《孟子正義》,(收入《諸子集成》(一),北京:中華書局,1996),
頁 267。

非，定猶豫，善善惡惡，賢賢賤不肖，存亡國，繼絕世，補敝起廢，**王道之大者也**。《易》著天地陰陽四時五行，故長於變；《禮》經紀人倫，故長於行；《書》記先王之事，故長於政；《詩》記山川谿谷禽獸草木牝牡雌雄，故長於風；《樂》樂所以立，故長於和；《春秋》辯是非，**故長於治人**。是故《禮》以節人，《樂》以發和，《書》以道事，《詩》以達意，《易》以道化，《春秋》以道義。撥亂世反之正，**莫近於《春秋》**。《春秋》文成數萬，其指數千。萬物之散聚皆在《春秋》。《春秋》之中，弒君三十六，亡國五十二，諸侯奔走不得保其社稷者不可勝數。**察其所以，皆失其本已**。故《易》曰『失之豪釐，差以千里』。故曰『臣弒君，子弒父，非一旦一夕之故也，其漸久矣』。故有國者不可以不知《春秋》，前有讒而弗見，後有賊而不知。為人臣者不可以不知《春秋》，守經事而不知其宜，遭變事而不知其權。為人君父而不通於《春秋》之義者，必蒙首惡之名。為人臣子而不通於《春秋》之義者，必陷篡弒之誅，死罪之名。其實皆以為善，為之不知其義，被之空言而不敢辭。夫不通禮義之旨，至於君不君，臣不臣，父不父，子不子。夫君不君則犯，臣不臣則誅，父不父則無道，子不子則不孝。此四行者，天下之大過也。以天下之大過予之，則受而弗敢辭。**故《春秋》者，禮義之大宗也**。夫禮禁未然之前，法施已然之後；法之所為用者易見，而禮之所為禁者難知。」 *70*

---

70 《史記》，卷一百三十，〈太史公自序第七十〉，頁 3297-3298。

從上述司馬遷回答壺遂的內容，可分成三個部分來分析：

第一部分：「余聞董生曰……王道之大者也。」司馬遷先引用董仲舒之言，說明孔子作《春秋》的目的，再引用孔子之言，證實此即孔子「以達王事」的方法。春秋二百四十二年間，「道」之不行，孔子見周道衰廢，雖然無力改變當前的政治亂象，但透過歷史的記述與褒貶，能充分闡述自己的理念，因而作《春秋》以彰顯此「道」。《春秋》的內容「上明三王之道……」，所言皆「王道之大者也」，簡言之，《春秋》是為了彰顯「王道」之意而作。

第二部分：「《易》著天地陰陽四時五行……《春秋》以道義。」本段闡明，《詩》、《書》、《易》、《禮》、《樂》、《春秋》各有所長、各有所用，但所言皆為治道，正如孔子云：「六藝於治一也。」[71]《春秋》「長於治人」，以治人之道見長，因此，司馬遷效法孔子而作《史記》，亦有藉著撰寫歷史，發揮治人之道的深意。

第三部分：「撥亂世反之正，莫近於春秋。……而禮之所為禁者難知。」本段強調當時弒君、亡國的政治亂象，《春秋》具備撥亂象反之於正的作用，因而成為一種褒貶歷史的標準。《春秋》是「禮義之大宗」，為人君、臣、父、子者，若能理解《春秋》之義，則通於禮義，就能明白其所在之位與其應盡己之道，也因而君、臣、

---

71 《史記》，卷一百二十六，〈滑稽列傳第六十六〉，頁3197：「孔子曰：『六藝於治一也。《禮》以節人，《樂》以發和，《書》以道事，《詩》以達意，《易》以神化，《春秋》以義。』太史公曰：天道恢恢，豈不大哉！談言微中，亦可以解紛。」

父、子皆能各安其位，各盡其道。由是觀之，《春秋》所欲彰顯的政治思想已經相當清楚。

上述分析，《春秋》欲明「三王之道」，是一部「長於治人之道」，有「撥亂反正」之用。《春秋》所言，皆「王者之事」，此即孔子用來褒貶春秋歷史發展的標準。司馬遷作《史記》，也透露出繼承孔子王道思想的內涵，《史記·高祖功臣侯者年表》「太史公曰」：「居今之世，志古之道，所以自鏡也。」[72]「志古之道」的「道」，即「王道」，司馬遷透過歷史事件的選擇與記述，來彰顯孔子王道思想之意，明矣。

壺遂的第二個問題，則尖銳地指出，若《春秋》為撥亂反正而作，而於此上遇明君之世，司馬遷所欲闡明者何？

> 壺遂曰：「孔子之時，上無明君，下不得任用，故作《春秋》，垂空文以斷禮義，當一王之法。今夫子上遇明天子，下得守職，萬事既具，咸各序其宜，夫子所論，欲以何明？」太史公曰：「唯唯，否否，不然。余聞之先人曰：『伏羲至純厚，作《易》〈八卦〉。堯舜之盛，《尚書》載之，禮樂作焉。湯武之隆，詩人歌之。《春秋》采善貶惡，推三代之德，襃周室，非獨刺譏而已也。』漢興以來，至明天子，獲符瑞，封禪，改正朔，易服色，受命於穆清，澤流罔極，海外殊俗，重譯款塞，請來獻見者，不可勝道。臣下百官力誦聖德，猶不能宣盡其意。且士賢能而不用，有國者之恥；主上明聖而

72　《史記》，卷十八，〈高祖功臣侯者年表第六〉，頁878。

　　德不布聞，有司之過也。且余嘗掌其官，廢明聖盛德不載，滅功臣世家賢大夫之業不述，墮先人所言，罪莫大焉。余所謂述故事，整齊其世傳，非所謂作也，而君比之於《春秋》，謬矣。」[73]

　　司馬遷首先引用先人之言，說明自伏羲至春秋時代，不同的時代都分別留下了記錄。再者，《春秋》「采善貶惡」，「非獨刺譏」，凡是善可為法，惡可為戒者，皆值得留下記錄。上述「漢興以來……猶不能宣盡其意」，說明漢武帝即位以來，已與高、惠、文、景之世截然不同，是漢朝初年以來的一大變局，當世有許多值得記述者。「且余嘗掌其官，……罪莫大焉」，說明自己身為太史，應當善盡記錄當世政治發展與人物的重責大任。君、臣各有職司，身為人君，應任用賢能；身為人臣，則應輔佐君主彰顯其德。

　　綜觀司馬遷回答壺遂的兩段內容，其中引用了孔子、董仲舒、先人之言、以及自己的論述，闡明孔子作《春秋》，「以達王道」之意，也說明了自己撰寫《史記》的目的。有人以為，孔子所言之「王事」，即孟子所說的「王政」，[74]此說並無不當，但未見深入探討「王政」的思想對司馬遷撰寫《史記》之影響的相關論述，本書將於下一節中詳論。

73　《史記》，卷一百三十，〈太史公自序第七十〉，頁 3299-3300。

74　吳福助，《史記解題》（台北：國家出版社，1982），頁 160。

三、續孟子揚王道

　　學者們已經留意孟子也是影響司馬遷的重要人物之一，但所論不多，例如：張大可指出，「司馬遷是繼孟子之後，又一個取得重大成就的孔子私淑弟子，發揚光大於孔的『春秋歷史學』，爲後世許多思想家，尤其在史學建樹方面所不可企及的偉人。」[75]陳桐生則認爲司馬遷的王道思想源自董仲舒，[76]陳氏是少數論及《史記》王道思想的學者，然而，分析司馬遷王道思想的形成，與其說司馬遷是受到董仲舒的影響，更精確的說法應是司馬遷受到孟子王道思想的影響才是。茲分別論述如下：

（一）孟子繼承孔子的王道思想

　　《孟子・滕文公下》記載孟子回答公都子的幾段話，頗能說明孟子繼承孔子之志：

> 孔子懼，作《春秋》。……昔者禹抑洪水而天下平，周公兼夷狄，驅猛獸，而百姓寧，孔子成《春秋》而亂臣賊子懼。……我亦欲正人心，息邪說，距詖行，放淫辭，以承三聖者，豈

75　張大可，《司馬遷評傳》，前引書，67-68。

76　陳桐生認爲：「司馬遷對董仲舒公羊學所闡發的《春秋》尚德精神有極其深入的領會，他在《史記》中以王道德治標準評判歷史上與當代的天子與諸侯政治，歌頌聖君仁政，鞭撻苦民、害民、殺民的暴君虐政，由此而形成了《史記》以尚德爲核心內容的王道觀。」參見氏著，《《史記》與今古文經學》，前引書，頁56。

　　好辯哉？予不得已也。能言距楊墨者，聖人之徒也。[77]

上述引文顯示，孔子見到世道衰微，社會亂象叢生，而作《春秋》。孟子亦有感於戰國時代列國追求富國強兵，競相縱橫兼併，因此，追隨大禹、周公、孔子三聖之志，期能捍衛古聖先王之道。孟子並非直接受業於孔子，而是透過自學得到孔子學說的精髓，[78]但他自許為「聖人之徒」，[79]一生遊歷齊、魏、宋、滕等國，致力於提倡仁政，企圖將孔子的王道思想發揚光大。

　　《孟子》一書，是為了「述仲尼之意」[80]而作，《孟子》全書十九處引用「孔子曰」，〈離婁上〉兩處直接引用孔子之言：「道二，仁與不仁而已矣。」[81]「仁，不可為眾也。夫國君好仁，天下無敵。今也欲無敵於天下而不以仁，是猶執熱而不以濯也。詩云：『誰能執熱，逝不以濯？』」[82]孔子認為治國之道只有施行仁政、

77　《孟子》，卷六，〈滕文公章句下〉，頁266-272。

78　《孟子》，卷八，〈離婁章句下〉，頁340：「予未得為孔子徒也，予私淑諸人也。」

79　孟子批評孔子的弟子冉求有機會輔佐季氏，卻不能改變季氏厚賦好斂的行為，未能施行孔子主張的仁政，就是「棄於孔子」的行為。《孟子》，卷七，〈離婁章句上〉，頁302-303：「孟子曰：求也為季氏宰，無能改於其德，而賦粟倍他日。孔子曰：『求非我徒也，小子鳴鼓而攻之可也。』由此觀之，君不行仁政而富之，皆棄於孔子者也。況於為之強戰？」

80　《史記》，卷七十四，〈孟子荀卿列傳第十四〉，頁2343：「天下方務於合從連橫，以攻伐為賢，而孟軻乃述唐、虞、三代之德，是以所如者不合。退而與萬章之徒序《詩》《書》，述仲尼之意，作《孟子》七篇。」

81　《孟子》，卷七，〈離婁章句上〉，頁289。

82　《孟子》，卷七，〈離婁章句上〉，頁293。

與不行仁政的分別而已，國君想要無敵於天下，唯有施行仁政一途，而孔子的仁政思想為孟子所繼承、發揚光大，司馬遷又根據孟子闡述王道的標準，作為撰寫《史記》的標準，因此，王道思想的內涵亦有其探討的必要。

（二）王道思想的內涵

　　綜觀《孟子》全書，孟子擅長從歷史事件來闡述在上位者施行仁政的王道思想，並透過與梁惠王、齊宣王、滕文公等人的對話，向諸侯國君說明孔子的王道思想，提供國君作為治國的施政方針。歸納《孟子》王道思想之內涵如下：

1、以德行仁者王

　　王道的根本，在於能為百姓施行仁政：

> 行仁政而王，莫之能禦也。且王者之不作，未有疏於此時者也；民之憔悴於虐政，未有甚於此時者也。飢者易為食，渴者易為飲。孔子曰：「德之流行，速於置郵而傳命。」當今之時，萬乘之國行仁政，民之悅之，猶解倒懸也。故事半古之人，功必倍之，惟此時為然。[83]

戰國時代，各諸侯國皆冀望能透過變法改革，以達到中央集權與富國強兵的目的，列國為求領土的擴張，莫不致力於兼併戰爭，無視於百姓之生計，若有能行仁政者，天下之民必樂於歸之。孟子批評

---

[83]　《孟子》，卷三，〈公孫丑章句上〉，頁109-110。

齊宣王：「今恩足以及禽獸，而功不至於百姓者」，[84]因此，主張施行仁政於百姓，則天下的士大夫、農夫、商賈、行旅者，將不遠千里歸來齊國。[85]

　　齊宣王曾問齊桓、晉文之事，孟子回答：「仲尼之徒，無道桓文之事者，是以後世無傳焉，臣未之聞也。」[86]孟子認為：「五霸者，三王之罪人也；今之諸侯，五霸之罪人也；今之大夫，今之諸侯之罪人也。」[87]朱熹引用董仲舒之言，解釋孔、孟不言五霸的原因：「仲尼之門，五尺童子，羞稱五霸，為其先詐力而後仁義也。」[88]孟子分析王、霸之別，有其獨到的見解：

　　　孟子曰：「以力假仁者霸，霸必有大國。以德行仁者王，王
　　　不待大。湯以七十里，文王以百里。以力服人者，非心服也，
　　　力不贍也；以德服人者，中心悅而誠服也，如七十子之服孔
　　　子也。詩云：『自西自東，自南自北，無思不服，此之謂
　　　也。』」[89]

84　《孟子》，卷一，〈梁惠王章句上〉，頁 51。

85　《孟子》，卷一，〈梁惠王章句上〉，頁 55：「今王發政施仁，使天下
　　仕者皆欲立於王之朝，耕者皆欲耕於王之野，商賈皆欲藏於王之市，行旅
　　者皆欲出於王之塗，天下之欲疾其君者，皆欲赴愬於王。其若是，孰能禦
　　之？」

86　《孟子》，卷一，〈梁惠王章句上〉，頁 46。

87　《孟子》，卷十二，〈告子章句下〉，頁 494-495。

88　朱熹，〈孟子集注卷一・梁惠王章句上〉，收入氏著，《四書章句集注》
　　（台北：藝文印書館，1996），頁 473。

89　《孟子》，卷三，〈公孫丑章句上〉，頁 130-131。

王道是「以德行仁」，霸道則是「以力服人」，王、霸之別，在於「德」與「力」的分別。孟子主張，在上位者能得天下，是因爲施行仁政的關係。黃俊傑指出，「在中國古代思想家之中，將『王』與『霸』作對立之政體，實以孟子爲重要之關鍵人物。」[90]更強調，「只有孟子才從具體歷史經驗提煉王道政治的理想，而認爲『王』與『霸』是本質不同的政治」，[91]黃氏強調孟子思想的王、霸之辨，並從宋儒的爭辯之中，深入探討孟子的政治思想，強調孟子對王道政治的崇高理想。

從以上的分析中，學者雖論及王道思想，也認同孟子闡明孔子的仁政思想，但鮮少留意司馬遷繼承孟子的王道思想，並以此作爲褒貶歷史發展的準則來撰寫《史記》。

2、仁政的具體措施

王道的根本在於能爲百姓施行仁政，孟子向齊宣王進言：「保民而王，莫之能禦也。」[92]百姓是在上位者施行仁政的對象，因此，孟子強調在上位者應該重視百姓：

> 民爲貴，社稷次之，君爲輕。是故得乎丘民而爲天子，得乎天子爲諸侯，得乎諸侯爲大夫。[93]

90　黃俊傑，《孟學思想史論（卷二）》（台北：中研院文哲所籌備處，1997），頁144。

91　黃俊傑，《孟學思想史論（卷二）》，前引書，頁146-147。

92　《孟子》，卷一，〈梁惠王章句上〉，頁47。

93　《孟子》，卷十四，〈盡心章句下〉，頁573。

孟子提出以人民為主體的思想，將人民優先於國家社稷與君主之前，只有得民心者，才能成為天子。康有為《孟子微》一書指出，以民為依歸的思想，始自孔子，至孟子有詳細的闡述。[94]孟子在二千多年前的戰國時代，提出與近、現代普世價值相近的觀念，其思想超越了其所處的時代，實為彌足珍貴。

《孟子》一書，闡述在上位者施行仁政的具體措施，大體上包括二方面，其一，養民教民；其二，尊賢使能，茲分述如下：

（1）養民教民

孟子認為，唯有國君了解百姓對國家的重要性，才能具備保民的觀念，也才能進一步論及保民的方法。孟子向梁惠王提出保民的方法，第一步是「養民」：

> 養生喪死無憾，王道之始也。五畝之宅，樹之以桑，五十者可以衣帛矣！雞豚狗彘之畜，無失其時，七十者可以食肉矣！百畝之田，勿奪其時，數口之家，可以無飢矣！[95]

孟子向梁惠王主張，百姓養生送死之用無缺憾，則民心無怨，百姓

---

[94] 康有為，《孟子微》（台北：台灣商務印書館，1970），卷1，頁12b：「此孟子特明升平、授民權、開議院之制。蓋今之立憲體，君民共主法也。……孔子之為洪範曰：『謀及卿士，謀及庶人』是也；堯之師錫眾曰：『盤庚之命，眾至庭。』皆是民權共政之體，孔子創立，而孟子述之。」

[95] 《孟子》，卷一，〈梁惠王章句上〉，頁33-35。

歸之。孟子對齊宣王強調「爲民制產」的重要性，[96]也向滕文公建議，保障百姓最基本的生存條件，是治國之道的根本。[97]從孟子的主張可知，「養民」是提供百姓維持一家溫飽的基本生活，使民免於「無飢」而已，似乎並不能稱得上是「富民」的條件。

保民的第二步是「教民」：

> 謹庠序之教，申之以孝悌之義，頒白者不負戴於道路矣。七十者衣帛食肉，黎民不飢不寒，然而不王者，未之有也。[98]
>
> 設為庠序學校以教之，庠者，養也。校者，教也。序者，射也。夏曰校，殷曰序，周曰庠。學則三代共之，皆所以明人倫也。人倫明於上，小民親於下，有王者起，必來取法。是為王者師也。[99]
>
> 人之有道也，飽食煖衣，逸居而無教，則近於禽獸。聖人有憂之，使契為司徒，教以人倫，父子有親，君臣有義，夫婦有別，長幼有敘，朋友有信。[100]

96　《孟子》，卷一，〈梁惠王章句上〉，頁57：「是故明君制民之產，必使仰足以事父母，俯足以畜妻子；樂歲終身飽，凶年免於死亡；然後驅而之善，故民之從之也輕。」

97　《孟子》，卷五，〈滕文公章句上〉，頁196：「民事不可緩也。……民之為道也，有恆產者有恆心，無恆產者無恆心。苟無恆心，放辟邪侈，無不為已。及陷乎罪，然後從而刑之，是罔民也。」

98　《孟子》，卷一，〈梁惠王章句上〉，頁35。

99　《孟子》，卷五，〈滕文公章句上〉，頁202。

100　《孟子》，卷五，〈滕文公章句上〉，頁226。

上述引文強調，教育的目的在於教導百姓孝悌之義，使其「明人倫」，透過教化，才能使人與禽獸有所分別。五倫的建立，是爲了使父子、君臣、夫婦、兄弟、朋友各安其位，從而建立起親戚關係與社會關係的和諧秩序。牟宗三解釋「教民」：「是教以起碼普遍的人道。過此以往，非所應問，非所能問，即不能在政治上責望人民作聖人，不但政治上有此限度，即一般言之，作聖人亦是個人自己之事，不能責望於他人，此即所謂恕道也。如此，道德與政治之分際即得而言。」[101]

綜上所論，孟子主張國君應具備保民的觀念，除了提供百姓維持基本生活的條件之外，也要教民人倫，方能建立和諧的社會秩序。

（2）尊賢使能

王者治天下，並非能以一人之力獨自完成，國家社稷的運作，仍有賴於賢能之士輔佐在上位者施行政令，孟子主張：

> 仁則榮，不仁則辱；今惡辱而居不仁，是猶惡濕而居下也。如惡之，莫如貴德而尊士，賢者在位，能者在職；國家閒暇，及是時，明其政刑。雖大國，必畏之矣。[102]
>
> 尊賢使能，俊傑在位，則天下之士，皆悅而願立於其朝矣。……信能行此五者，則鄰國之民，仰之若父母矣。率其子弟，攻其父母，自有生民以來，未有能濟者也。如此則無敵於天下。無敵於天下者，天吏也。然而不王者，未之有

---

101 牟宗三，《政道與治道》（台北：台灣學生書局，1980），頁 126。

102 《孟子》，卷三，〈公孫丑章句上〉，頁 131-132。

也。[103]

在上位者能任用才德出眾之士在朝為官，方能提出合乎時宜之養民、教民的政策，並提供百姓良好的生活環境，四鄰之民也將樂於歸之。堯、舜等古聖明君，十分重視與賢能之士共治天下，以達到仁政的境界，孟子云：「堯舜之仁，不偏愛人，急親賢也。」[104]堯為天下舉才，先考察舜是否能承擔天下重任，幾經磨鍊多年之後才傳位給舜。孟子以堯能推舉賢能之士，美其合乎「仁」的標準：「為天下得人者謂之仁」。[105]

唯有施行仁政者能王天下，也才配居高位，因此，孟子稱之為「天吏」，有代天施行仁政之意。孟子認為在上位者的權力來自於「天」，舜之有天下，乃「天與之」，而非「堯以天下與舜」：

> 曰：「……昔者堯薦舜於天而天受之。暴之於民而民受之。故曰：天不言，以行與事示之而已矣。」……曰：「使之主祭而百神享之，是天受之。使用主事而事治，百姓安之，是民受之也。天與之，人與之，故曰，天子不能以天下與人。

103　《孟子》，卷三，〈公孫丑章句上〉，頁 134-137。

104　《孟子》，卷十三，〈盡心章句上〉，頁 560。

105　《孟子》，卷五，〈滕文公章句上〉，頁 229：「堯以不得舜為己憂，舜以不得禹、皋陶為己憂。夫以百畝之不易為己憂者，農夫也。分人以財謂之惠，教人以善謂之忠，為天下得人者謂之仁。」又《孟子》，卷十，〈萬章章句下〉，頁 424：「堯之於舜也，使其子九男事之，二女女焉，百官牛羊倉廩備，以養舜於畎畝之中，後舉而加諸上位，故曰：王公之尊賢者也。」

> 舜相堯，二十有八載，非人之所能為也，天也。堯崩，三年
> 之喪畢，舜避堯之子於南河之南。天下諸侯朝覲者，不之堯
> 之子而之舜；訟獄者，不之堯之子而之舜；謳歌者，不謳歌
> 堯之子而謳歌舜。故曰天也。夫然後之中國，踐天子位焉。
> 而居堯之宮，逼堯之子，是篡也，非天與也。泰誓曰：「天
> 視自我民視，天聽自我民聽」，此之謂也。[106]

孟子認為，舜相堯二十八年，又避堯之子三年，最終百姓歸之，是
「天」與「百姓」將天子之位給予舜，而不是堯將天子之位給予舜，
故曰「天與賢則與賢，天與子則與子」。[107]孟子又引用《尚書・泰
誓》，強調上天是透過百姓的眼睛來觀察，透過百姓的耳朵來聽聞，
顯示「天與之」的基礎在於民意，此即《尚書》「民之所欲，天地
從之」[108]的概念。

　　孟子認為堯、舜是古代明君賢臣的典範：「欲為君，盡君道；
欲為臣，盡臣道。二者皆法堯舜而已矣。」[109]孟子認為，古代的國
君推舉人才亦不限出身：「舜發於畎畝之中，傅說舉於版築之間，
膠鬲舉於魚鹽之中，管夷吾舉於士，孫叔敖舉於海，百里奚舉於
市。」[110]舜、傅說、膠鬲、管夷吾、孫叔敖、百里奚等人，雖皆
無顯赫的出身，但因得明主賞識，而能發揮所長，貢獻一己之力。

106　《孟子》，卷九，〈萬章章句上〉，頁380-381。
107　《孟子》，卷九，〈萬章章句上〉，頁382。
108　《尚書》，卷第十一，〈泰誓上第一〉，頁2。
109　《孟子》，卷七，〈離婁章句上〉，頁289。
110　《孟子》，卷十二，〈告子章句下〉，頁510。

戰國時代的諸侯國君，爲因應時代的巨變，求賢若渴，而能禮賢下士，起用布衣，變法圖強，追求富國強兵之道。

綜上所論，孟子強調在上位者是「天吏」，是扮演著代天行仁政的角色，國君需要賢能之士的輔佐，君臣之間各盡其道，方能制定並推行養民與教民的政策，以臻於仁政的境界。

3、仁義之師無敵

孟子向梁惠王主張：「不嗜殺人者能一之」[111]，值得注意的是，孟子並非反對戰爭，而是認爲仁者發動戰爭的唯一理由，必須是爲了百姓而戰。孟子對於商湯與周武王的故事有獨到的見解：

> 齊宣王問曰：「湯放桀，武王伐紂，有諸？」孟子對曰：「於傳有之。」曰：「臣弒其君可乎？」曰：「賊仁者謂之賊，賊義者謂之殘。殘賊之人謂之一夫，聞誅一夫紂矣，未聞弒君也。」[112]

齊宣王認爲湯放桀、與武王伐紂，皆是以臣弒君的行爲，但孟子認爲夏桀與商紂忝居王位，卻不能行仁政，百姓生活失去安頓，則湯、武所爲，不過是誅一殘賊之人而已。孟子高度肯定湯、武推翻無道之君的正當性，並認爲湯伐桀與武王伐紂，都是爲了解民於水火所發動的戰爭。孟子主張：「是以惟仁者宜在高位。不仁而在高位，

---

111 《孟子》，卷一，〈梁惠王章句上〉，頁42。
112 《孟子》，卷二，〈梁惠王章句下〉，頁86。

是播其惡於衆也。」[113]仁者居高位，才能施以仁政，是以湯武發動戰爭，有其正當性；不仁者如桀、紂，雖位居高位而不行仁政於民，則天下之民皆受其惡。陸玉林指出，「仁義道德是根本，最高權力的合法性在仁義道德。孟子這種觀點，既是對湯武革命順天應人的倫理化解釋，又是將政治牢牢建立在倫理原則上。」[114]

　　齊宣王欲伐燕國，在取與不取之間難以抉擇，孟子的回答，更進一步闡述其對於戰爭的看法。孟子認爲攻取燕國或不取的依據，完全在於燕國百姓的感受：「取之而燕民悅，則取之；古之人有行之者，武王是也。取之而燕民不悅，則勿取；古之人有行之者，文王是也。」[115]若以仁義之師取燕，解救燕民於水火，則是替天行道，即使發動戰爭，仍屬有道的行爲。然而，齊宣王攻取燕國後，列國計畫援救燕國，孟子認爲：

> 今燕虐其民，王往而征之，民以為將拯己於水火之中也，簞食壺漿以迎王師。若殺其父兄，係累其子弟，毀其宗廟，遷其重器，如之何其可也。天下固畏齊之彊也，今又倍地而不行仁政，是動天下之兵也。[116]

113　《孟子》，卷七，〈離婁章句上〉，頁286。

114　張立文主編、陸玉林著，《中國學術通史（先秦卷）》（北京：人民出版社，2004），頁134。

115　《孟子》，卷二，〈梁惠王章句下〉，頁89。

116　《孟子》，卷二，〈梁惠王章句下〉，頁91-92。

燕民原本期待齊國攻取燕國之後，他們將從水深火熱的苦難之中得救，但事與願違，齊國擴張領土卻不行仁政，才會引發列國興兵動武。

　　《孟子‧公孫丑下》記載燕王噲欲私受燕國王位給子之，孟子認為，燕國雖可討伐，然而，真正有權力討伐燕國者，「為天吏，則可以伐之」。[117]也就是說，唯「天吏」能代天行仁政，也能代天行使討伐燕國的權力。仁君能以民為本而施行仁政，不會輕易地發動戰爭，若非戰不可，則出戰的理由，是為了拯民於水火，故能得到百姓的支持，而獲得最後的勝利。

4、仁德繫天下興亡盛衰

　　孟子認為仁德繫三代興亡盛衰：

> 三代之得天下以仁，其失天下也以不仁。國之所以廢興存亡者亦然。天子不仁，不保四海；諸侯不仁，不保社稷；卿大夫不仁，不保宗廟；士庶人不仁，不保四體。今惡死亡而樂不仁，是由惡醉而強酒。[118]

孟子指出，三代之所以能得天下，是因為在上位者能為百姓施行仁政，其喪失天下，則是由於不行仁政。上自天子，下至庶人，只有行仁者才能得以保全。孟子從三代興亡盛衰的歷史教訓，歸結其影響興衰的關鍵因素，是在上位者能否施行仁政。

117　《孟子》，卷四，〈公孫丑章句下〉，頁 170。
118　《孟子》，卷七，〈離婁章句上〉，頁 289-290。

　　《孟子·離婁上》則更清楚地指出：「桀紂之失天下也，失其民也。失其民者，失其心也。得天下有道，得其民，斯得天下矣。得其民有道，得其心，斯得民矣。」[119]桀、紂失去民心而失去政權，得天下者，唯有施行仁政，才能獲得民心，民心向背決定了政權的興衰。孟子的王道思想，大體上得到三代歷史的印證。

　　綜上所述，孟子將孔子的王道思想發揚光大，深入地闡述孔子的仁政思想，並對司馬遷產生了重大的影響。徐復觀認為：「中國的政治思想，除法家外，都可說是民本主義；即認定民是政治的主體。但中國幾千年的實際政治，卻是專制政治。政治權力的根源，係來自君而非人民；……政治的理念，民才是主體；而政治的現實，則君又是主體。這種二重的主體性，便是無可調和對立。對立程度表現的大小，即形成歷史上的治亂興衰。」[120]黃俊傑也指出：「孟子高標政治生活中人民的主體性，成為歷代有良心的中國知識份子論政的標準。歷代儒臣在君主專制政體上下，儘管受到客觀政治結構的局限而不能暢所欲言，但是，民本位的王道政治理想，始終是他們魂牽夢繫的精神故鄉。」[121]儘管孟子王道政治的理念，在戰國時代未能實現，至秦、漢時代確立皇帝制度之後，其政治思想也未能落實，但是，孟子發揮孔子仁政主張而闡述之王道政治的理想，卻深深地影響了司馬遷撰寫《史記》的標準。

119　《孟子》，卷七，〈離婁章句上〉，頁 295。

120　徐復觀，《儒家政治思想與民主自由人權》，（台北：台灣學生書局，1988），頁 224。

121　黃俊傑，《孟學思想史論》（台北：東大圖書公司，1991），頁 166。

結語

　　司馬遷一生歷經人生的轉折與時代的轉變，多方面的衝擊與其自身史官家學的訓練，塑造其敏銳的觀察力，而成為見解獨到的優秀史學家。司馬遷從孔子、董仲舒、及其先人之言，理解孔子作《春秋》撥亂反正的用意，而孟子繼聖人之後，將孔子仁政思想發揚為王道思想的政治理念，也深深地影響著司馬遷撰寫《史記》的標準。除此之外，大時代的轉變也對司馬遷的思想發展產生影響，不論是漢初與民休息的黃老治術，還是漢武帝時中央集權的獨尊儒術，道家思想與儒家思想都因應時代的需要，先後成為治道的主流。司馬遷洞察先秦學派各有優劣卻殊途同歸的事實，並在見證大時代轉變的過程之中，理解因應時代需求選擇治道，即是實踐「以德行仁」的王道精神，故能肯定各家所長、兼容並蓄各家的思想，終而發展出博大精深且豐富多元的新思想體系。司馬遷研究歷史發展的變化，總結出治亂興衰的關鍵，《史記》不僅是司馬遷成一家之言的史學著作而已，更是一部傳承史學傳統與蘊含孔、孟王道思想的著作。

第三章　夏商周三代之興起

　　《史記》記事始於黃帝，司馬遷根據〈五帝德〉、〈帝繫〉寫成〈五帝本紀〉，中國古史以黃帝爲開端，〈五帝本紀〉記載的世系將夏、商、周三族的關係建立起來。（參見表一：《史記·五帝本紀》帝系表）依據〈五帝本紀〉的內容，夏、商、周三族皆爲黃帝子孫，夏族爲顓頊之後，商族與周族爲帝嚳之後。黃帝的世系雖有矛盾之處，[1] 司馬遷仍將三代始祖納入黃帝後裔的系統之中，褚先生爲司馬遷的安排提出解釋：

　　　　褚先生曰：「……舜、禹、契、后稷皆黃帝子孫也。黃帝策

1　歐陽修，《歐陽修全集》，〈居士集卷第四十三　帝王世次圖序〉，（台北：世界書局，1961），頁300-301：「以孔子之學，上述前世止於堯舜，著其大略而不道其前。遷遠出孔子之後，而乃上述黃帝以來，又詳悉其世次，其不量力而務勝，宜其失之多也。遷所作本紀，出於《大戴禮》、《世本》諸書。今依其說圖而考之，堯、舜、夏、商、周皆出於黃帝。堯之崩也，下傳其四世孫舜；舜之崩也，復上傳其四世祖禹，而舜、禹皆壽百歲。稷、契於高辛爲子，乃同父異母之兄弟，今以其世次而下之。湯與王季同世，湯下傳十六世而爲紂，王季下傳一世而爲文王，二世而爲武王，是文王以十五世祖臣事十五世孫紂，而武王以十四世祖伐十四世孫而代之王，何其繆哉！」

　　天命而治天下，德澤深後世，故其子孫皆復立為天子，是天
　　之報有德也。人不知，以為汜從布衣匹夫起耳。夫布衣匹夫
　　安能無故而起王天下乎？其有天命然。」「黃帝後世何王天
　　下之久遠邪？」曰：「傳云天下之君王為萬夫之黔首請贖民
　　之命者帝，有福萬世。黃帝是也。……」[2]

褚先生主張「天命報有德者」，黃帝德澤廣被人間，是以黃帝的子
孫多為天子，可以王天下久遠。然而，三代興起的原因，並非單純
地如褚先生所言，僅僅只是源自黃帝德澤廣被的餘蔭。夏、殷、周
三代本紀，清楚地呈現夏、商、周三代的興亡盛衰，與始祖及其後
繼者能否施行仁政有著密切的關係。商湯、周武王，皆是在當權者
不行仁政的情況下，反其道而行，廣受百姓的認同與支持，才有取
而代之的機會。

2　《史記》，卷一十三，〈三代世表第一〉，頁505-506。

表一：《史記‧五帝本紀》帝系表

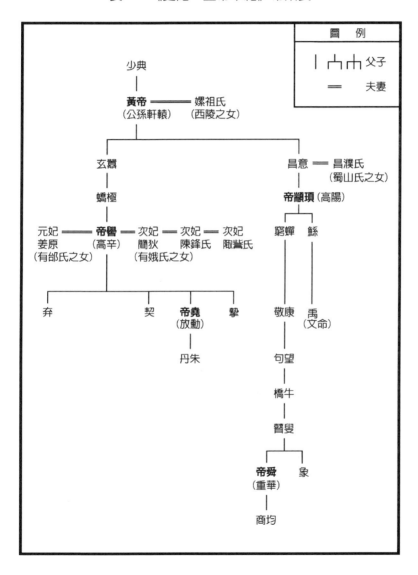

一、夏族的興起與夏代的建立

（一）夏族的興起

文獻記載的夏代史料十分有限，但對夏代的存在都是肯定的，例如《詩·大雅·蕩》稱：

> 殷鑒不遠，在夏后之世。[3]

《尚書·召誥》云：

> 我不可不監于有夏，亦不可不監于有殷。[4]

《論語·八佾》載孔子曰：

> 夏禮，吾能言之，杞不足徵也。殷禮，吾能言之，宋不足徵也。文獻不足故也，足，則吾能徵之矣。[5]
> 殷因於夏禮，所損益，可知也。周因於殷禮，所損益，可知也。[6]

3　《詩》，卷十八之一，〈大雅·蕩〉，頁644。
4　《尚書》，卷第十五，〈周書·召誥〉，（《十三經注疏補正》，台北：世界書局，1985），頁30。
5　《論語》，卷三，〈八佾第三〉，頁49。
6　《論語》，卷二，〈為政第二〉，頁39。

上述先秦典籍，不但肯定夏代的存在，認為夏代是商代之前的時代，而且夏、商兩代之間有著因革損益的繼承關係。根據《史記》的記載，中國歷史上的第一個朝代是夏代。夏代的興起，奠基於禹，禹因治水之功，開創夏朝的基礎。禹子啓，建立夏朝，開始傳子的家天下之局。

民國初年，疑古派學者顧頡剛提出「層累地造成的中國古史」，認為「時代愈後，傳說的古史期愈長。」[7]顧氏懷疑大禹的存在，也認為《詩》、《書》中並未提及「夏」與「禹」的關係。[8]值得注意是，顧氏並未否定夏代的存在：「吾人雖無確據以證夏代之必有，似亦未易斷言其必無也。」[9]

王國維指出，秦公敦、齊侯鎛鐘的銘文，可以證明春秋時代的人相信禹是湯之前的一位古帝王，「故舉此二器，知春秋之世，東西二大國無不信禹為古之帝王，且先湯而有天下也。」[10]大禹與夏史爭論的關鍵，主要是夏代沒有直接的史料或文字留傳於世，但夏代和大禹的存在應是可信的：

7　顧頡剛，〈與錢玄同先生論古史書〉，收入《古史辨》第一冊，（上海：上海書店，1930），頁 60。

8　顧頡剛，〈討論古史答劉胡二先生〉，收入《古史辨》第一冊，前引書，頁 118-127。顧氏最初曾主張，「禹是九鼎上鑄的一種動物」，後來放棄禹是蜥蜴之類的主張，而假定「禹是南方民族的神話中的人物」。

9　顧頡剛，〈「有夏解」〉附函，收入呂思勉、童書業編著，《古史辨》第七冊上編，（上海：上海書店，1941），頁 292。

10　王國維，〈古史新證〉，收入氏著，《王國維考古學文輯》（南京：鳳凰出版社，2008），頁 27。

　　然而，自從甲骨文發現與殷墟發掘成功以後，文獻上記載的
殷先公先王及成湯至帝辛的殷王世系，已得到了甲骨文的印
證，那麼《史記·夏本紀》載夏代帝王的世系，自禹至履癸
（桀）共十四世十七王，我們應可推測，太史公必有所根據，
何至於憑空杜撰。同時，文明是逐漸演化而來的，絕無突然
降臨之理，從殷墟出土文物水準之高，甲骨文字「六書具備」
的進步情形，殷商之前必然已有相當階段的文明，故孔子
說，「殷因於夏禮」。基於上述的認識，我們對於古史相傳
商代之前有夏代存在的說法，如何能加以斷然否定！所以過
去討論古史的結果，已是「認為實有禹和夏代的，佔絕大多
數」，甚至有人從文字誕生的過程推測，夏初應該已經有了
歷史的記載。[11]

　　上述引文指出，殷墟甲骨文已經印證商王的世系，再者，從殷墟文
物的高水準與甲骨文字的進步來看，皆能說明殷商之前必有一個時
代的存在，文獻記載的夏代已經受到學界的認同。

　　〈夏本紀〉是一篇有系統記載夏代的史料，禹的事蹟幾乎佔了
〈夏本紀〉的主要篇幅，其它夏代人物與事蹟的史料，則十分貧乏。
〈夏本紀〉關於大禹的記載，主要圍繞在禹治水的始末，以及舜、
禹、皋陶三人論治道的對話，茲分述如下：

11　王仲孚，〈大禹與夏初傳說試釋〉，《中國上古史專題研究》（台北：五
　　南圖書公司，民國 85 年），頁 357-358。

1、大禹治水

〈夏本紀〉首先記載禹是黃帝的玄孫，帝顓頊之孫，鯀之子。鯀、禹兩父子分別在堯、舜時代承擔起治水的重任，是上古時代重要的治水人物。《孟子‧滕文公上》記載：「當堯之時，天下猶未平，洪水橫流，氾濫於天下。草木暢茂，禽獸繁殖，五穀不登，禽獸偪人，獸蹄鳥迹之道，交於中國。」[12]洪水氾濫危及百姓的生命與財產，堯為了解決水患的問題，聽從四嶽的建議，任命鯀進行治水的工作：

> 於是堯聽四嶽，用鯀治水。九年而水不息，功用不成。於是帝堯乃求人，更得舜。舜登用，攝行天子之政，巡狩。行視鯀之治水無狀，乃殛鯀於羽山以死。天下皆以舜之誅為是。於是舜舉鯀子禹，而使續鯀之業。[13]

從上述引文可知，堯採用各部族領袖的意見，任命鯀治水，九年無成。堯晚年用舜治理天下，舜見鯀治水無功，殛鯀於羽山，再任命鯀的兒子禹，繼續治水的工作。

〈夏本紀〉稱：

> 禹乃遂與益、后稷奉帝命，命諸侯百姓興人徒以傅土，行山

12　《孟子》，卷五，〈滕文公章句上〉，頁219。《孟子》，卷六，〈滕文公章句下〉也有類似的記載：「當堯之時，水逆行，氾濫於中國，蛇龍居之，民無所定，下者為巢，上者為營窟」，頁263。

13　《史記》，卷二，〈夏本紀第二〉，頁50。

> 表木，定高山大川。禹傷先人父鯀功之不成受誅，乃勞身焦
> 思，居外十三年，過家門不敢入。薄衣食，致孝于鬼神。卑
> 宮室，致費於溝淢。陸行乘車，水行乘船，泥行乘橇，山行
> 乘檋。左準繩，右規矩，載四時，以開九州，通九道，陂九
> 澤，度九山。令益予眾庶稻，可種卑溼。命后稷予眾庶難得
> 之食。食少，調有餘相給，以均諸侯。禹乃行相地宜所有以
> 貢，及山川之便利。[14]

上段引文，反映出禹的政治品格、治水的始末，以及治民的方法。
分析如下：

　　第一，禹勤勞刻苦，公而忘私的政治品格。禹治水不辭勞苦，
苦思治水的方法，過家門而不入，展現其盡公不顧私的政治品格，
此為先秦諸子所讚揚。孔子讚美禹：

> 禹，吾無閒然矣！菲飲食，而致孝乎鬼神；惡衣服，而致美
> 乎黻冕，卑宮室；而盡力乎溝洫。禹，吾無閒然矣！[15]

《孟子‧滕文公上》稱：

> 禹疏九河，瀹濟、漯而注諸海，決汝、漢，排淮、泗，而注
> 之江，然後中國可得而食也。當是時也，禹八年於外，三過

14　《史記》，卷二，〈夏本紀第二〉，頁51。
15　《論語》，卷九，〈泰伯第八〉，頁169-170。

其門而不入，雖欲耕，得乎？[16]

《韓非子‧五蠹篇》云：

> 禹之王天下也，身執耒臿以為民先，股無胈，脛不生毛，雖臣虜之勞，不苦於此矣。是以言之，夫古之讓天子者，是去監門之養而離臣虜之勞也。古傳天下而不足多也。[17]

《莊子‧天下篇》引墨子之言：

> 禹親自操橐耜，而九雜天下之川，腓无胈，脛无毛，沐甚雨，櫛疾風，置萬國。禹大聖也，而形勞天下也如此。[18]

從上述四段引文可知，先秦諸子一致讚美禹勤勞刻苦的美德，《韓非子》更明白地指出禹「王天下」的理由，與其身先士眾、為百姓勤勞奉獻有著直接的關係。王仲孚指出，「氏族社會裡，領袖並無後世帝王的權勢，也沒有物質生活上的特殊享受，辛勞的程度，有時超過了氏族成員。」[19]禹具備上古部族領袖的特質，又因治水之

16　《孟子》，卷五，〈滕文公章句上〉，頁221。

17　《韓非子》，卷十九，〈五蠹第四十九〉，（王先慎，《韓非子集解》，北京：中華書局，1996），頁340。

18　《莊子》，卷八，〈天下第三十三〉，（王先謙，《莊子集解》，北京：中華書局，1996），頁217-218。

19　王仲孚，〈大禹與夏初傳說釋疑〉，前引文，頁367。

功，受到百姓的認同，因而成就其氏族領袖的地位。

第二，禹因地制宜，治平水患。〈夏本紀〉裡強調禹治水之時，注意各地天然地理形勢的高低，因地制宜，採用不同的交通工具行遍各地，並順應水就下的原理，革新鯀的治水方法。《尚書·洪範》提及鯀的治水方法：「箕子乃言曰：『我聞在昔，鯀陻洪水，汩陳其五行。』」[20]鯀採用堵塞的方法治水失敗，禹記取前人失敗的經驗，改用疏導的方法，《國語·周語下》稱：

> 共之從孫四嶽佐之，高高下下，疏川導滯，鍾水豐物。封崇九山，決汩九川，陂鄣九澤，豐殖九藪，汩越九原，宅居九隩，合通四海。[21]

引文說明共工氏的從孫率領四嶽，協助禹進行治水的工作，禹順應自然地勢的高低，疏導壅塞的川流，使水流通暢，各行其道，而能為民所用，不再為患。徐炳昶分析：「大禹治水的主要方法為疏導。它又包括兩方面：（1）把散漫的水中的主流加寬加深，使水有所歸；（2）沮洳的地方疏引使乾；還不能使乾的就闢它為澤藪，整理它們以豐財用。大禹在黃河下游，順它自然的形勢，疏導為十數道的支流，後世就叫作九河。以後由於人口漸密，日日與水爭地，逐漸漸堙塞，最後變成獨流。」[22]歷來懷疑禹的時代是否具備治水

20　《尚書》，卷第十二，〈周書·洪範第六〉，頁8。

21　《國語》，卷第三，〈周語下〉，（《國語韋氏解》，台北：世界書局，1975），頁76-77。

22　徐炳昶，《中國古史的傳說時代》（台北：里仁書局，1999），頁213。

的條件，羅獨修指出，「冶煉青銅與崩岩裂石恰好是一體兩面」，
「只有章懷太子所引《續漢書》之敘述獨得其詳。」[23]禹改良治水
的方式，歷時十三年，終於成功地平息水患，使百姓得以安居樂業。

　　春秋時代的文獻史料，未見大規模的治水紀錄，可見禹治平水
患，確保百姓生命財產的安全，也改善了百姓的生活條件，後世一
致讚美禹治水之功，足見其影響深遠。《左傳・昭公元年》記載劉
定公見洛汭之水，思禹之功：「美哉！禹功，明德遠矣！微禹，吾
其魚乎！吾與子弁冕、端委，以治民、臨諸侯，禹之力也。」[24]《國
語・周語下》記載周太子晉讚美禹：「賜姓曰姒氏，曰有夏，謂
其能以嘉祉，殷富生物也。」[25]四嶽協助禹進行治水的工作，可見
治水工程浩大，參與者眾，而禹領導有方，應居首功。禹治水有成，
反映堯、舜時代先民長期對抗水患的成果，禹治水造福百姓，不僅
影響當代，其德澤亦廣被後世。

　　第三，禹重視糧食生產與分配，並制定貢賦。禹派益幫助百姓
種植穀物，又派后稷進行糧食的調度，考察各地的土質、物產與山
川地形，規定適宜的貢賦，以及進貢的路線。〈夏本紀〉引用《尚
書・禹貢》全篇的內容，說明大禹治平水患，劃分天下為九州，導
九川，制定貢賦，劃定五服的範圍，「於是帝錫禹玄圭，以告成功

23　羅獨修，〈大禹治水與國家起源一些關鍵問題之探討〉，《中國上古史研
　　究專刊》第 3 期（2003 年 8 月），頁 70-72。

24　《左傳》，昭公元年，（楊伯峻注，《春秋左傳注》，台北：洪葉文化事
　　業有限公司，1993），頁 1210。

25　《國語》，卷第三，〈周語下〉，頁 77。

于天下。天下於是太平治。」[26]〈禹貢〉篇所載禹制定貢賦之說，「雖說是後世儒家加以理想化，系統化的結果，可是在一定程度上也反映了禹的強大權力和各地經濟聯繫的加強。」[27]由此可見，禹不僅有治水之功，同時也在治水的過程中，詳加了解各區域在天然環境中的差異性，其重視糧食生產與統籌各地資源的能力，充份地展現出治理國家的長才。

綜上所述，司馬遷大體上根據先秦諸子的記載，反映出當時氏族領袖勞苦過人的真實情況，並承襲《尚書》、《孟子》等儒家經典的記載，肯定禹治水的貢獻與治國的長才。

2、禹的治道

〈夏本紀〉透過舜、禹、皋陶三人討論治民之道的對話，說明禹深知治民之道，茲分析如下：

第一段：「皋陶作士以理民。……皋陶曰：『余未有知，思贊道哉。』」本段透過禹和皋陶之間的對話，反映出皋陶治民的思想。皋陶主張，治民應從「慎其身脩」做起，成就德業的方法「在知人，在安民」。[28]皋陶又提出「行有九德」，在上位者應看重具備「九德」之人，令「俊乂在官」，毋使「非其人居其官」。[29]在上位者能重視個人修養，明辨賢與不肖，知人善任，是治民與安民的重要條件。

26　《史記》，卷二，〈夏本紀第二〉，頁77。

27　晁福林，《夏商西周的社會變遷》（北京：北京師範大學出版社，1999），頁53。

28　《史記》，卷二，〈夏本紀第二〉，頁77-78。

29　仝上。

第二段：「帝舜謂禹曰：『女亦昌言。』……皋陶曰：『然，此而美也。』」本段與前述禹治水之段落大同小異，禹強調自己每日勤勉不懈地進行治水的工作，解決百姓生活的困境，使百姓得到安定的生活，「眾民乃定，萬國為治。」[30]皋陶也讚美禹治水所建立的功績。

第三段：「禹曰：『於，帝！……禹曰：『然，帝即不時，布同善惡則毋功。』」本段記載舜、禹二人的對話。禹向舜建議任用有德之臣，必得天下之人擁戴：「輔德，天下大應。」[31]舜認為：

> 吁，臣哉，臣哉！臣作朕股肱耳目。予欲左右有民，女輔之。余欲觀古人之象，日月星辰，作文繡服色，女明之。予欲聞六律五聲八音，來始滑，以出入五言，女聽。予即辟，女匡拂予。女無面諫，退而謗予。敬四輔臣。諸眾讒嬖臣，君德誠施皆清矣。[32]

本段對話圍繞在國君需要大臣輔佐治國的主題，引文強調舜深知治國必有賢臣輔佐，並下令大臣體察各地的風俗與歌樂，以便了解各地的治理概況。知人善任是明君治國的重要條件之一，值得注意的是，司馬遷於此處特別彰顯舜認為在上位者應具備「君德」，才能明辨善惡，聽取大臣的諫言，並清除讒佞之臣。

---

30 《史記》，卷二，〈夏本紀第二〉，頁79。
31 仝上。
32 《史記》，卷二，〈夏本紀第二〉，頁79-80。

　　第四段:「帝曰:『毋若丹朱傲,……帝曰:『道吾德,乃女功序之也。』」本段記載舜告誡禹,不要像丹朱傲慢失德,以至不能繼承帝位。禹提及:「苗頑不即功,帝其念哉。」舜回應:「道吾德,乃女功序之也。」[33]三苗長期為亂,成為中原部族的隱憂,禹解決三苗之患,為天下除害。[34]

　　〈夏本紀〉記載舜解決三苗問題的方法是行以德教,然而,其它的先秦文獻史料對於這個議題,則存在著不同的記載。《尚書·舜典》曰:

　　　　竄三苗于三危。[35]

《墨子·非攻下》稱:

　　　　昔者三苗大亂,天命殛之。……高陽乃命玄宮,禹親把天之瑞令,以征有苗,……苗師大亂,後乃遂幾。禹既已克有苗,焉磨為出川,別物上下,卿制大極,而神民不違,天下乃靜。

33　《史記》,卷二,〈夏本紀第二〉,頁80。

34　《史記》,卷一,〈五帝本紀第一〉,頁 28:「三苗在江淮、荊州數為亂。」《戰國策·魏一》云:「昔者,三苗之居,左彭蠡之波,右有洞庭之水,文山在其南,而衡山在其北,恃此險也。為政不善,而禹放逐之。」參見《戰國策》,卷二十二,〈魏一·魏武侯與諸大夫浮於西河〉(台北:里仁書局,1990),頁782。徐炳昶考證:「彭蠡就是現在的鄱陽湖。左彭蠡,右洞庭,應該在湖南、江西的北部。」參見氏著,《中國古代的傳說時代》,前引書,頁58。

35　《尚書》,卷第一,〈虞書·舜典第二〉,頁15。

則此禹之所以征有苗也。*36*

《墨子・兼愛下》引〈禹誓〉曰:

> 禹曰:「濟濟有眾,咸聽朕言:非惟小子,敢行稱亂,蠢茲
> 有苗,用天之罰。若予既率爾群對諸群,以征有苗。」禹之
> 征有苗也,非以求以重富貴、干福祿、樂耳目也。以求興天
> 下之利也,除天下之害。*37*

《孟子・萬章上》云:

> 舜流共工于幽州,放驩兜于崇山,殺三苗于三危,殛鯀于羽
> 山,四罪而天下咸服,誅不仁也。*38*

從上述記載顯示,禹放逐三苗、殺三苗、或用武力征伐之,其中《墨
子》特別肯定禹討伐三苗之功,禹平定三苗之亂,提供百姓安寧的
生活環境,是符合「國家百姓之利」。*39*《孟子》指出,「殺三苗」
是「誅不仁」的行為。
　　《荀子・成相》則傾向「以德服人」之說:

---

36 《墨子》,卷五,〈非攻下第十九〉,(孫詒讓,《墨子閒詁》,《諸子
　　集成》(四),北京:中華書局,1996),頁92。

37 《墨子》,卷四,〈兼愛下第十六〉頁76。

38 《孟子》,卷九,〈萬章章句上〉,頁371。

39 《墨子》,卷五,〈非攻下第十九〉,頁98。

禹勞心力，堯有德，干戈不用三苗服。[40]

《韓非子·五蠹》稱：

當舜之時，有苗不服，禹將伐之。舜曰：「不可，上德不厚而行武，非道也。」乃修教三年，執干戚舞，有苗乃服。[41]

《呂氏春秋·離俗覽》云：

三苗不服，禹請攻之。舜曰：「以德可也。」行德三年，而三苗服。[42]

上述引文皆是戰國晚期的作品，提出以德感化三苗之說。論者解釋：「戰國時代一些思想家借上古傳說宣揚『德治』的思想，編造了以德服人的傳說」，「從這些文獻中也能反映出華夏集團和三苗部族既有激烈衝突，也互有文化融合，從而促使早期文明史向前發展。」[43]

40　《荀子》，卷十八，〈成相篇第十八〉，（王先謙，《荀子集解》，《諸子集成》（二），北京：中華書局，1996），頁308。

41　《韓非子》，卷十九，〈五蠹第四十九〉，頁341。

42　《呂氏春秋》，卷第十九，〈離俗覽第七〉，（高誘注，《呂氏春秋》，《諸子集成》（六），北京：中華書局，1996），頁241。

43　詹子慶，《夏史與夏文明》（上海：上海科學技術文獻出版社，2007），頁84。

關於舜、禹如何處理三苗關係的問題，先秦文獻呈現以武力征伐、與以德服人的兩種說法。司馬遷撰寫三苗問題時，並沒有採用《尚書》、《墨子》、《孟子》的說法，而是採用《荀子》、《韓非子》與《呂氏春秋》之說。從司馬遷的史料選擇可知，〈夏本紀〉記載舜主張以德教化三苗之事，大致總結舜與禹、皋陶二人對於治道的討論；同時反映出司馬遷不強調征伐，主張以德服人的王道思想。此即發揮儒家德治的王道思想：「故遠人不服，則脩文德以來之。」[44]

第五段：「皋陶於是敬禹之德，……舜德大明。」本段記載皋陶下令百姓效法禹之德，不聽命者，則施以刑法。舜得禹、皋陶等眾多賢臣的輔佐，因此，舜之德教得以發揚。

第六段：「於是夔行樂，……於是天下皆宗禹之明度數聲樂，爲山川神主。」本段記載禹治平水患，舜下令夔作樂以告成功，簫韶演奏呈現一片和諧，「鳳皇來儀，百獸率舞，百官信諧。」[45]舜作歌讚美大臣盡忠職守，皋陶讚美明君賢臣，禹則強調君臣各盡其道，「於是天下皆宗禹之明度數聲樂，爲山川神主。」[46]由本段記載可知，舜令禹治水有成，當時明君賢臣各盡其職，而舜的大臣之中，禹的表現最受大家肯定。司馬遷強調禹對百姓的貢獻，及其擅長治國的特質，說明禹已具備天下共主的條件。

44　《論語》，卷一十六，〈季氏〉，頁352。

45　《史記》，卷二，〈夏本紀第二〉，頁81。

46　《史記》，卷二，〈夏本紀第二〉，頁82。

3、禹的即位

禹治水有成，又深明治國之道，而成為繼承王位的最佳人選。〈夏本紀〉裡沒有記載禹即位的經過，此事已載明於〈五帝本紀〉中，禹遵循氏族社會的傳統，避舜之子商均，但天下諸侯皆擁戴禹，因此，禹即天子位。[47]

先秦文獻史料對於堯、舜禪讓之說的記載不同，《孟子》稱：

> 昔者舜薦禹於天，十有七年；舜崩，三年之喪畢，禹避舜之子於陽城；天下之民從之，若堯崩之後，不從堯之子而從舜也。[48]

〈五帝本紀〉根據《孟子》之說，記載舜傳位給禹的事蹟，而儒家經典《荀子》亦主張堯舜禪讓，「尚賢推德天下治」。[49]《墨子》亦稱頌堯舜禪讓，主張聖王「唯能審以尚賢使能為政」，「古者舜耕歷山，陶河瀕，漁雷澤。堯得之服澤之陽，舉以為天子，與接天

---

47 《史記》，卷二，〈夏本紀第二〉，頁 82：「三年喪畢，禹辭辟舜之子商均於陽城。天下諸侯皆去商均而朝禹。禹於是遂即天子位，南面朝天下，國號曰夏后，姓姒氏。」

48 《孟子》，卷九，〈萬章章句上〉，頁 382。

49 《荀子》，卷十八，〈成相篇第十八〉，頁 308：「堯讓賢，以為民，氾利兼愛德施均，辨治上下，貴賤有等明君臣。堯授能，舜遇時，尚賢推德天下治。雖有賢聖，適不遇世，孰知之？堯不德，舜不辭，妻以二女任以事。大人哉舜。南面而立萬物備。舜授禹，以天下，尚得推賢不失序，外不避仇，內不阿親，賢者予。」

下之政，治天下之民。」[50]大體而言，儒、墨兩家的經典，皆以堯、舜傳賢之說來記載堯、舜的傳位經過，禪讓傳說成為歷史上的理想政治。

《韓非子》則對「禪讓」之說提出另一種可能性的看法：

> 舜偪堯，禹偪舜，湯放桀，武王伐紂，此四王者，人臣弒其君者也，而天下譽之。[51]

《正義》引《竹書》云：「昔堯德衰，為舜所囚也」，[52]此說與《韓非子》的說法接近。先秦文獻對於堯、舜傳說記載不一，究竟堯、舜、禹是透過禪讓的傳統，抑或是篡奪的手段取得王位？當代學者也對於堯、舜的傳說提出了不同的解釋，例如：顧頡剛主張堯、舜禪讓是戰國時代墨家尚賢思想所造的故事。[53]夏曾佑、錢穆、郭沫若、李宗侗、王仲孚等諸家說法的共同點認為：「部落同盟的氏族社會，禪讓之說乃是產生盟主的一種方式，這是從部落到國家演進過程中的一個階段。」[54]禪讓之說，保留了遠古社會中部落推舉領袖的方式，傳說故事仍有其反映遠古社會的痕跡。

50 《墨子》，卷二，〈尚賢中第九〉，頁34。

51 《韓非子》，卷四十四，〈說疑第四十四〉，頁311。

52 《正義》引《竹書》云，參見《新校本史記三家注并附編二種》（台北：鼎文書局，1995），卷一，〈五帝本紀第一〉，頁31。

53 顧頡剛，〈禪讓傳說起於墨家考〉，收入呂思勉、童書業編著，《古史辨》第七冊下編，（上海：上海書局，1941），頁30-107。

54 王仲孚，〈堯舜傳說試釋〉，《中國上古史專題研究》，前引書，頁322。

　　《左傳·哀公七年》稱：「禹合諸侯於塗山，執玉帛者萬國。」[55]可見部落聯盟中，氏族社會領袖平等的狀況，至大禹時代已經產生變化。《韓非子·飾邪》云：「禹朝諸侯之君會稽之上，防風之君後至，而禹斬之。」[56]禹大會諸侯，斬殺防風氏的行為，反映出禹具備掌握諸侯的生殺大權，其地位已經超越一般的氏族領袖。大禹王權的形成與其功績有著十分密切的關係：「大禹時代，王權的形成，實由於他完成了兩件空前的大業，即治平洪水之患和征服了三苗。」[57]禹的特殊地位來自其對百姓之功，而非武力，因此，司馬遷在〈夏本紀〉中選擇不記載禹斬殺防風氏一事，而以「天下皆宗禹」來說明禹之地位已超越其它的氏族領袖。

　　總而言之，〈夏本紀〉反映出遠古時代洪水氾濫的事實，並保留先民與大自然奮鬥的歷史，禹率領各部族共同解決水患，身先士眾，勞苦過人，治平水患，且以德臣服三苗，有功於百姓，因而建立起氏族領袖的特殊地位，奠定了建立夏朝與家天下的基礎。綜觀司馬遷撰述〈夏本紀〉的脈絡，與其史料運用的選擇，可以看出他強調王道思想的撰寫原則。

55　《左傳》，〈哀公七年〉，頁 1642。

56　《韓非子》，卷五，〈飾邪第十九〉，頁 91-92。《國語》，卷第五，〈魯語下〉也有相同的記載，唯文字稍異：「昔禹致群神於會稽之山，防風氏後至，禹殺而戮之。」頁 151。

57　王仲孚，〈大禹與夏初傳說試釋〉，《中國上古史專題研究》（台北：五南圖書公司，1996），頁 392。

（二）夏代的建立

1、啓即天子位

禹治平洪水，解決三苗之亂，建立顯赫的功績，形成超越其它氏族領袖的特殊地位。禹晚年遵循氏族社會禪讓的傳統，選賢舉能，推薦皋陶：

> 帝禹立而舉皋陶薦之，且授政焉，而皋陶卒。封皋陶之後於英、六，或在許。而后舉益，任之政。
>
> 十年，帝禹東巡狩，至于會稽而崩。以天下授益。三年之喪畢，益讓帝禹之子啓，而辟居箕山之陽。禹子啓賢，天下屬意焉。及禹崩，雖授益，益之佐禹日淺，天下未洽。故諸侯皆去益而朝啓，曰：「吾君帝禹之子也」。於是啓遂即天子位，是為夏后帝啓。[58]

禹舉薦皋陶作為繼承人，給予歷鍊政事的機會，但皋陶先禹而死，禹再推舉益作為繼承人，並讓益接受政治的歷鍊。禹遵循氏族社會傳賢的傳統，實行禪讓政治，傳位給益。然而，益並未順利地成為氏族領袖。三年之喪結束，益也效法舜讓位給堯子丹朱、禹讓位給舜子商均的慣例，讓位給禹的兒子啓。上段引文顯示，啓之所以即天子位的原因是：「禹子啓賢，天下屬意焉。」而益未能順利繼位的主要原因是：「益之佐禹日淺，天下未洽。」事實上，益被舉薦

---

[58] 《史記》，卷二，〈夏本紀第二〉，頁83。

為王位繼承人，只有短短十年的時間，一直到服喪三年完畢，益並沒有建立偉大的功績，因而未得人心。從〈夏本紀〉裡記載禹治水的始末可知，禹受命治水的同時，益與后稷等人也一同前往協助治水的工作。益不僅實際參與禹的治水過程，也受命協助百姓種植：「令益予眾庶稻，可種卑溼。」[59]可見，益並非全然無功於民，只是等到益作為禹的繼承人之後，並未見到益在政事上有任何特殊的表現。

　　值得注意的是，司馬遷在〈夏本紀〉裡記載「啟賢」，但並未敘述有關「啟賢」的具體事蹟。〈夏本紀〉中「吾君帝禹之子」一句，特別強調啟是禹之子的身分，可見啟能繼承王位的原因，與其得禹之餘蔭有著直接的關係。由於諸侯感念禹治水之德，因此，諸侯支持禹之子啟繼位，啟的即位，開始家天下之局。

　　先秦諸子對於禪讓之說存在著不同的看法，《論語‧堯曰》：「堯曰：咨！爾舜，天之歷數在爾躬，允執其中，四海困窮，天祿永終。舜亦以命禹。」[60]《論語》只提到堯傳位給舜，舜再傳位給禹，但並未提及傳位的細節。《孟子‧萬章上》則清楚地記載傳位的經過：

> 萬章問曰：「人有言，『至於禹而德衰，不傳於賢而傳於子』，有諸？」孟子曰：「否，不然也。天與賢則與賢，天與子則與子。昔者舜薦禹於天，十有七年；舜崩，三年之喪畢，禹

59　《史記》，卷二，〈夏本紀第二〉，頁 51。

60　《論語》，卷二十三，〈堯曰第二十〉，頁 411。

> 避舜之子於陽城；天下之民從之，若堯崩之後，不從堯之子
> 而從舜也。禹薦益於天，七年，禹崩，三年之喪畢，益避禹
> 之子於箕山之陰；朝覲訟獄者，不之益而之啟，曰：『吾君
> 之子也。』謳歌者不謳歌益而謳歌啟，曰：『吾君之子也。』
> 丹朱之不肖，舜之子亦不肖；舜之相堯、禹之相舜也，歷年
> 多，施澤於民久。啟賢，能敬承繼禹之道；益之相禹也，歷
> 年少，施澤於民未久。……」[61]

孟子提出「天與賢則與賢，天與子則與子」的看法，意味著並非禹
不遵照氏族傳統傳位賢能，而是上天決定要將王位傳給禹的兒子
啟。此處「天」之意，實爲民心向背，「啟賢，能敬承繼禹之道」，
可見啟具備在上位者的特質，益「施澤於民未久」，而未能得到諸
侯、百姓的擁戴與支持。

《古本竹書紀年》云：「益干啟位，啟殺之。」[62]益篡奪啟的
王位，所以啟殺了益。論者以爲《古本竹書紀年》所載亂臣賊子的
事，「這好像是戰國時代的一種思潮，是對日下世道的借題發揮，
是否符合歷史難以置信。」[63]《韓非子·外儲說右下》記載燕王欲
傳國於子之，潘壽的對答中提及禹傳子的情況：

> 禹愛益，而任天下於益，已而以啟人爲吏。及老，而以啟爲

61　《孟子》，卷九，〈萬章章句上〉，頁381-382。

62　（清）朱右曾輯錄，《汲冢紀年存真》，卷上，（歸硯齋藏板，台北：新
　　興書局，1959），頁6。

63　詹子慶，《夏史與夏文明》，前引書，頁97。

　　不足任天下，故傳天下於益，而勢重盡在啓也。已而啓與友黨攻益而奪之天下，是禹名傳天下於益，而實令啓自取之也。此禹之不及堯、舜明矣。[64]

　　《韓非子》主張禹任用啓的臣子為吏，天下大權都掌握在啓的手裡，雖名為遵照氏族社會的傳統傳賢，實則默許啓透過武力取得天下。

　　從上述先秦典籍的記載可知，《孟子》主張傳賢的禪讓之說，《古本竹書紀年》、《韓非子》皆記載啓與益爭奪天下。司馬遷在〈夏本紀〉中選擇儒家經典之說，並根據《孟子》的說法，詳細記載禹傳位的情形，主張當時天下人心歸之於啓，於是啓順理成章地即天子位。司馬遷也在《史記・燕召公世家》裡保留了《韓非子》的說法，唯文字略有不同。[65]這似乎說明司馬遷看到了文獻記載之不同，他對史料的選擇，說明了他的史觀，〈燕召公世家〉則以「或曰」引出《韓非子》之說，該段文字並未詳載是何人對燕王之言，卻也是保留異說的一種方法。

　　現代學者普遍認同禹至啓的傳位問題，不僅是遠古時代的大事，更是一個重大的轉變。王玉哲主張，戰國時代禪讓與篡奪兩種說法同時並存，「正是部落酋長由『傳賢』制轉變為『傳子』制過

64　《韓非子》，卷十四，〈外儲說右下第三十五〉，頁257。

65　《史記》，卷三十四，〈燕召公世家第四〉，頁1556：「或曰：『禹薦益，已而以啓人為吏。及老，而以啓人為不足任乎天下，傳之於益。已而啓與交黨攻益，奪之。天下謂禹名傳天下於益，已而實令啓自取之。』」

渡階段的眞實反映。」[66]王氏的論點，爲禪讓說與簒奪說的並存，提出了合理的解釋，禹之傳位問題，是氏族社會邁向朝代的過渡時期，「『公天下』 變爲『家天下』，是自啓開始的。這是古代一大變局。」[67]從部族聯盟發展爲國家政權，是古代社會發展史上的重大變革，禹適應了社會發展的客觀需要，完成了古史上的重大變革。[68]禹是一位從氏族社會過渡到早期國家的人物，啓的即位，建立起夏王朝的政權，自此王位繼承由傳賢制度改爲傳子制度。

2、啓伐有扈氏

啓即位之後，首先面臨有扈氏的挑戰：

> 有扈氏不服，啓伐之，大戰於甘。將戰，作〈甘誓〉，乃召六卿申之。啓曰：「嗟！六事之人，予誓告女：有扈氏威侮五行，怠棄三正，天用勦絕其命。今予維共行天之罰。左不攻于左，右不攻于右，女不共命。御非其馬之政，女不共命。用命，賞于祖；不用命，僇于社，予則帑僇女。」遂滅有扈氏。天下咸朝。[69]

66　王玉哲，《中華遠古史》（上海：上海人民出版社，2000），頁 141。

67　王玉哲，《中華遠古史》，前引書，頁 143。

68　鄭杰祥，《新石器文化與夏代文明》（南京：江蘇教育出版社，2005），頁 488。

69　《史記》，卷二，〈夏本紀第二〉，頁 84。

〈夏本紀〉引用《尚書・甘誓》，[70]說明啓討伐有扈氏，鞏固夏王朝的政權。〈甘誓〉與〈夏本紀〉裡並未提及有扈氏為何不服從啓的理由，《淮南子・齊俗訓》稱：

> 義者，循理而行宜也；禮者，體情制文者也。義者宜也，禮者體也。昔有扈氏為義而亡。知義而不知宜也。[71]

高誘解釋有扈氏反對啓的原因：「有扈，夏啓之庶兄也，以堯、舜舉賢，禹獨與子，故伐啓。啓亡之。」[72]有扈氏認同過去氏族領袖禪讓的傳賢方式，未能接受氏族領袖繼承方式的改變，起而反對啓繼承王位。因此，《淮南子》認為有扈氏「為義而亡」：「所謂『義』，就是指部落聯盟推舉制度，有扈氏想反對社會發展的趨勢，當然自取滅亡。」[73]啓滅有扈氏，是夏朝初年的大事，這是一場支持傳子與傳賢之兩種不同勢力的戰爭，啓的勝利，穩定夏朝初年剛建立起來的政權。論者指出，啓滅有扈氏，確立夏啓統治的合法化，從此

70　《尚書》，卷第三，〈夏書・甘誓第二〉，頁9-10：「大戰于甘，乃召六卿，王曰：『嗟六事之人，予誓告汝。有扈氏，威侮五行，怠棄三正，天用勦絕其命，今予維恭行天之罰。左不攻于左，汝不恭命；右不恭于右，汝不恭命。御非其馬之正，汝不恭命。用命，賞于祖；弗用命，戮于社，于則孥戮汝。』」

71　《淮南子》，卷十一，〈齊俗訓〉，（高誘注，《淮南子》，《諸子集成》（七），北京：中華書局，1996），頁176。

72　高誘注，《淮南子》，卷十一，〈齊俗訓〉，（《諸子集成》（七），北京：中華書局，1996），頁176。

73　徐中舒，《徐中舒先秦史講義》（天津：天津古籍出版社，2008），頁31。

父死子繼的制度隱然成形。[74]

　　然而，夏朝的開國之君是禹，還是啓？近代學者看法各異。傅斯年主張，啓有開創夏朝之功：「啓之一字蓋有始祖之意」。[75]金景芳、晁福林等人也認爲啓是開創者，確立世襲傳子制，是夏朝的第一代王。[76]詹子慶則主張禹是夏朝的第一代王，「大禹既是諸族邦的盟主，又是夏朝第一代王，他是帶有過渡性質的歷史人物。」[77]綜觀《史記》三代本紀的撰寫方式，禹的確是一位過渡時期的人物，禹的地位，如同商族始祖契、或是周族始祖弃，都是遠古時代對百姓有貢獻的人，禹、契、弃三人也都因其對百姓的貢獻，而成爲氏族領袖。啓打破氏族領袖繼承的傳統，是一位面臨重大轉變時期的人物，且司馬遷在〈夏本紀〉中強調啓之所以能即位的原因之一，是禹之子的緣故，因此，禹又類似周文王的角色，其所建立的功績，由兒子繼承。啓得其父之餘蔭，才受到諸侯的支持，開始家天下之局，應是較爲合理的闡述。

　　司馬遷選擇引用大量的儒家經典作爲撰寫〈夏本紀〉的原始材料，例如：〈夏本紀〉引用《尙書》〈禹貢〉、〈皋陶謨〉等篇的

74　秦照芬，〈夏初王權確立之戰──論《尚書・甘誓》篇〉，《中國上古史研究專刊》第 4 期（2006 年 9 月），頁 19-21。

75　傅斯年，〈夷夏東西說〉，《傅斯年全集》（第三冊），（台北：聯經出版事業公司，1980），頁 110。

76　金景芳主張：「啓是中國奴隸制國家的開創者。」參見氏著，《中國奴隸社會史》（上海：上海人民出版社，1983），頁 20-28。晁福林也主張：「一般認爲，啓是夏朝開國之君。」參見氏著，《夏商西周的社會變遷》，前引書，頁 52。

77　詹子慶，《夏史與夏文明》，前引書，頁 95-96。

內容，來說明大禹的功績，〈夏本紀〉全篇著重於禹之德，夏代之興始自禹，禹不僅具備古代氏族領袖身先士眾、勞苦過民的特質，而且治水有功，拯民於鴻水滔天之苦。司馬遷更藉由舜、皋陶和禹等人的對話，來闡述禹深知治國必有賢臣輔佐之理，且在禹的治理之下，「眾民乃定，萬國為治」，[78]禹之德廣受天下諸侯的認同，因而奠定啟建立夏朝的基礎。

　　關於禹受舜禪讓與傳位的問題，先秦文獻史料的記載並不相同，司馬遷在〈夏本紀〉中亦選擇遵循儒家經典的禪讓之說，承襲《孟子》記載的傳位過程，指出禹本遵照氏族社會的舊傳統，推舉益作為繼承人，但是天下諸侯卻擁戴啟，因而建立起家天下的世襲之局。益與啟之間的王位之爭，象徵氏族部落推舉領袖的禪讓制度已經結束，由部族聯盟走向國家。因此，艾蘭主張，「從益至啟統治過渡的方式，經歷了一系列與商周開國君主從前朝末代統治者手中奪權相似的轉換。」[79]由此可見，司馬遷撰寫〈夏本紀〉的立場已經十分地清楚，其所欲彰顯以德服人與德治的王道思想，不僅僅反映在〈夏本紀〉的文本之中，也同樣有系統地呈現在〈殷本紀〉與〈周本紀〉之中，將於接下來的章節中詳加討論。

78　《史記》，卷二，〈夏本紀第二〉，頁79。

79　〔美〕艾蘭，《世襲與禪讓——古代中國的王朝更替傳說》（北京：北京大學出版社，2002），頁51。

二、商族的興起與商代的建立

（一）商族的興起

1、契

〈殷本紀〉是一篇最早有系統地記載商王世系與商代歷史的文獻，其中商王世系已經得到殷墟出土甲骨文的印證，是研究殷商史的重要史料。〈殷本紀〉首先記載商族的起源：

> 殷契，母曰簡狄，有娀氏之女，為帝嚳次妃。三人行浴。見玄鳥墮其卵，簡狄取吞之，因孕生契。契長而佐禹治水有功。帝舜乃命契曰：「百姓不親，五品不訓，汝為司徒而敬敷五教，五教在寬。」封于商，賜姓子氏。契興於唐、虞、大禹之際，功業著於百姓，百姓以平。[80]

上述引文，記載殷商始祖契的鳥生傳說，以及契興起的原因。契母簡狄，為有娀氏之女，因吞食玄鳥卵，感孕而生契。《詩‧商頌‧玄鳥》云：「天命玄鳥，降而生商」；[81]《詩‧商頌‧長發》曰：「有娀方將，帝立子生商。」[82]「玄鳥生商」顯然是「圖騰信仰」（Totemism）的現象。《左傳‧昭公十七年》記載郯子言少昊氏以

80　《史記》，卷三，〈殷本紀第三〉，頁91。

81　《詩》，卷二十之三，〈商頌‧玄鳥〉，頁793。

82　《詩》，卷二十之四，〈商頌‧長發〉，頁800。

鳥名官的典故，也留下中國古代鳥圖騰信仰的痕跡。[83]可見〈殷本紀〉裡根據先秦文獻所記載之殷商的鳥生傳說，原有所本，並非杜撰。

　　司馬遷在〈殷本紀〉中記載簡狄吞食玄鳥蛋而生契的傳說，符合現代人類學與民族學對於原始社會的認識。李宗侗主張，「商人以玄鳥為圖騰，以簡狄為始妣；周人以姬為圖騰，以姜嫄為始妣。彼時固無所謂始祖，男子尚無地位；亦無所謂始妣之夫，受孕的真象尚未分明。及社會已父系化，至少漸父系化，始祖亦漸漸出現。」[84]《詩》呈現母系社會「無父」[85]的現象，司馬遷所處的西漢時代，早已進入父系社會，〈殷本紀〉中更進一步地記載簡狄是

83　《左傳》，〈昭公十七年〉，頁1386-1388：「秋，郯子來朝，公與之宴。昭子問焉，曰：『少皞氏鳥名官，何故也？』郯子曰：『吾祖也，我知之。昔者黃帝氏以雲紀，故為雲師而雲名，炎帝氏以火紀，故為火師而火名；共工氏以水紀，故為水師而水名，大皞氏以龍紀，故為龍師而龍名。我高祖少皞摯之立也，鳳鳥適至，故紀於鳥，為鳥師而鳥名：鳳鳥氏，曆正也：玄鳥氏，司分者也；伯趙氏，司至者也；青鳥氏，司啟者也；丹鳥氏，司閉者也。祝鳩氏，司徒也；鴡鳩氏，司馬也；鳲鳩氏，司空也；爽鳩氏，司寇也；鶻鳩氏，司事也。五鳩，鳩民者也。五雉為五工正，利器用、正度量，夷民者也。九扈為九農正，扈民無淫者也。自顓頊以來，不能紀遠，乃紀於近。為民師而命以民事，則不能故也。』」

84　李宗侗，《中國古代社會》（台北：中國文化大學出版部，1986），頁83。

85　先秦文獻保留了上古時代母系社會的現象，《莊子》，卷八，〈盜跖第二十九〉，頁197：「神農之世，臥則居居，起則于于，民知其母，不知其父。」《商君書》，〈開塞第七〉（北京：中華書局，1999），頁15：「天地設而民生之，當此之時也。民知其母而不知其父。」

帝嚳的次妃，反映出父系社會中始祖的重要性。司馬遷將殷商始祖契與黃帝子孫帝嚳連繫起來，使商族與夏族、周族都成爲黃帝的後裔，〈殷本紀〉的撰寫方式反映了漢代學者對於先民親子關係的理解與安排。

　　于省吾認爲，商代青銅器「玄鳥婦壺」有「玄鳥婦」三個字合書的銘文，「是研究商人圖騰的唯一珍貴史料，係商代金文中所保留下來的先世玄鳥圖騰的殘餘。」[86]胡厚宣指出，王亥的「亥」字，從亥、從隹，且商人將鳥圖騰的符號加在王亥的名字上，就是因爲他是上甲的父親，此外，甲骨卜辭還可以看出一些祭祀神鳥的內容，商人以鳳雉羊鳥爲神鳥，而給以隆重的禘祭和報祭。[87]而文獻記載商族以玄鳥作爲圖騰的現象，也得到河南安陽殷墟出土甲骨卜辭的印證。

　　司馬遷在〈殷本紀〉裡具體地指出契建立的二大功績：其一，契協助大禹治水有功；其二，舜任命契爲司徒，契有教化百姓之功。可見契對於百姓的貢獻，是造成商族興起的主因，故〈殷本紀〉云：「功業著於百姓，百姓以平。」

2、先公先王

　　〈殷本紀〉接著記載契之後的世系，而不錄其事蹟：

　　　　契卒，子昭明立。昭明卒，子相土立。相土卒，子昌若立。

86　于省吾，〈略論圖騰與宗教起源和夏商圖騰〉，《歷史研究》1959 年第 11 期，頁 66-67。

87　胡厚宣、胡振宇，《殷商史》(上海：上海人民出版社，2003)，頁 132-145。

> 昌若卒，子曹圉立。曹圉卒，子冥立。冥卒，子振立。振卒，
> 子微立。微卒，子報丁立。報丁卒，子報乙立。報乙卒，子
> 報丙立。報丙卒，子主壬立。主壬卒，子主癸立。主癸卒，
> 子天乙立，是為成湯。**88**

契至湯一共傳了十四世，與《荀子・成相》、《國語・周語下》之記載相合。**89**自河南安陽殷墟甲骨文出土以後，王國維發表〈殷卜辭中所見先公先王〉與〈殷卜辭中所見先公先王續考〉兩篇文章，考證先公先王的名號，「足證上甲以後諸先公之次，當為報乙、報丙、報丁、主壬、主癸，而《史記》以報丁、報乙、報丙為次，乃違事實。」**90**王國維證實《世本》所載上甲六示的順序是正確的，也印證了〈殷本紀〉裡的先公先王世系大致無誤，由此推論，司馬遷撰寫《史記》應是言之有據。

甲骨文的材料，增加了商史研究的知識，誠如考古家李濟所言：

> 這些新的知識與二千餘年前司馬遷的記錄相比，雖說是對於
> 每一商代的先公先王的認識增加了很多，而對司馬遷所排的

---

88 《史記》，卷三，〈殷本紀第三〉，頁92。

89 《荀子》，卷十八，〈成相第二十五〉，頁308：「契玄王，生昭明……十有四世，乃有天乙是成湯。」《國語》，卷第三，〈周語下〉，頁104：「玄王勤商，十有四世而興。」

90 王國維，〈殷卜辭中所見先公先王〉、〈殷卜辭中所見先公先王續考〉，收入氏著，《觀堂集林》第二冊（北京：中華書局，1999），卷九，頁425-427、頁437-440。

這一朝代的先公先王繼承的秩序，新材料只把它加了強有力的證實。復原的王室系譜除了幾個名號外，就沒有任何部份可以刪改《史記》原文的。……這是中國史學界的一件大事，所以我們大家可以同意《史記》這部書確實是如三國時王肅所引劉向、劉雄對它的評語：一篇「實錄」。[91]

〈殷本紀〉與殷墟甲骨文記載的殷商世系大致吻合，不僅確立商代是中國的信史，同時也證實《史記》的可靠性。這也爲我們揭示，司馬遷撰寫《史記》是根據可靠的史料，來「稽其成敗興壞之理」。

（二）商代的建立

殷商傳至成湯而興，〈殷本紀〉以四段文字記載湯伐夏桀之前的事蹟，第一段記載商人自契至湯八次遷都，「湯始居亳，從先王居，作〈帝誥〉。」[92]〈殷本紀〉並未說明「先王」是指何人？《集解》引孔安國曰：「契父帝嚳都亳，湯自商丘遷焉，故曰『從先王居』。」[93]〈五帝本紀〉記載帝嚳是一位順天教民的仁君，[94]然而，「先王」究竟是指「帝嚳」，抑或是指「契」，頗值得商榷。

---

91 李濟，〈安陽發掘與中國古史問題〉，收入張光直、李光漠編《李濟考古學論文選集》（北京：文物出版社，1990），頁801-802。

92 《史記》，卷三，〈殷本紀第三〉，頁93。

93 裴駰，《史記集解》引孔安國曰，參見《新校本史記三家注并附編二種》（台北：鼎文書局，1995），卷三，〈殷本紀第三〉，頁93。

94 《史記》，卷一，〈五帝本紀第一〉，頁13-14：「順天之義，知民之急。仁而威，惠而信，脩身而天下服。取地之財而節用之，撫教萬民而利誨之，

　　論者主張帝嚳並非商族的始祖，其理由有三：第一，根據《史記》和《大戴禮記》，簡狄只是帝嚳的次妃，實際上，帝嚳為四個部族的始祖，正說明這些族中，哪一族他都不是其始祖；第二，簡狄是帝嚳之妃的說法，是在神話產生之後附加上去的；第三，王國維主張甲骨文中的帝俊即是帝嚳，並不能證明帝嚳為商族的始祖，帝俊應是商人「上帝」的化身。[95]本書從〈殷本紀〉的撰寫脈絡觀之，司馬遷記載成湯「從先王居」，而「契」是一位有功於民，且是帶領商族興起之君，「契」作為商族的「先王」的確比「帝嚳」更具代表性，也象徵著湯欲效法契成為仁君之意。因此，湯「從先王居」的「先王」當指「契」，而非孔安國所主張的「帝嚳」。

　　第二段記載湯討伐葛國：

> 湯征諸侯。葛伯不祀，湯始伐之。湯曰：「予有言：人視水見形，視民知治不。」伊尹曰：「明哉！言能聽，道乃進。君國子民，為善者皆在王官。勉哉，勉哉！」湯曰：「汝不能敬命，予大罰殛之，無有攸赦。」作〈湯征〉。[96]

上段引文，只簡單地記載湯得知葛伯不祭祀，「不能敬命」，因而征討葛國；接著記載湯與伊尹之間的對話，湯強調百姓之治，伊尹

曆日月而迎送之，明鬼神而敬事之。其色郁郁，其德嶷嶷。其動也時，其服也士。帝嚳溉執中而徧天下，日月所照，風雨所至，莫不服從。」

95　宋鎮豪主編、王震中著，《商族起源與先商社會變遷》（北京：中國社會科學出版社，2010），頁 12-17。

96　《史記》，卷三，〈殷本紀第三〉，頁 93-94。

則勸勉湯納諫，招納賢臣。

　　司馬遷記載湯征諸侯自葛伯始，顯然是依據《孟子》，而《孟子・滕文公下》記載湯征葛伯的始末更爲詳細：

> 孟子曰：湯居亳，與葛爲鄰。葛伯放而不祀，湯使人問之曰：
> 「何爲不祀？」曰：「無以供犧牲也。」湯使人遺之牛羊，
> 葛伯食之，又不以祀。湯又使人問之，曰：「何爲不祀？」
> 曰：「無以供粢盛也。」湯使亳眾往爲之耕，老弱饋食。葛
> 伯率其民，要其有酒食黍稻者奪之，不授者殺之，有童子以
> 黍肉餉，殺而奪之。書曰：「葛伯仇餉」，此之謂也。爲其
> 殺是童子而征之，四海之內，皆曰非富天下也，爲匹夫匹婦
> 復讎也。湯始征，自葛載。十一征而無敵於天下。[97]

葛伯以「無以供犧牲」、「無以供粢盛」等理由不祭祀，湯一再派人送去牛羊與酒食黍稻，協助葛伯解決無法祭祀的問題。葛伯不但不祭祀，甚至殺害湯派往葛國的童子，於是湯因爲葛伯殺害童子的暴行而征伐葛國。《書》曰：「湯一征，自葛始」，[98]〈殷本紀〉簡單地記載湯伐葛國之事，是湯征伐諸侯的首次戰役。《孟子・滕文公下》則詳細記載湯討伐無道的葛國，這是一場爲百姓而發動的正義之戰，「十一征而無敵於天下」，則說明湯經歷了多次的征伐，才建立起商朝。

97　《孟子》，卷六，〈滕文公章句下〉，頁 254-255。
98　《孟子》，卷二，〈梁惠王章句下〉引《書》曰，頁 90。

第三段記載湯重用伊尹：

> 伊尹名阿衡。阿衡欲奸湯而無由，乃為有莘氏媵臣，負鼎俎，
> 以滋味說湯，致于王道。或曰，伊尹處士，湯使人聘迎之，
> 五反然後肯往從湯，言素王及九主之事。湯舉任以國政。伊
> 尹去湯適夏。既醜有夏，復歸于亳。入自北門，遇女鳩、女
> 房，作〈女鳩〉〈女房〉。[99]

本段將伊尹作為撰寫的主題，主要彰顯湯能重用賢能之士。先秦文
獻對於伊尹身分的說法不一，論者多以伊尹身分或伊尹的表現作為
討論的重點，然而，〈殷本紀〉卻保留《孟子‧萬章上》的說法：

> 萬章問曰：「人有言，伊尹以割烹要湯，有諸？」孟子曰：
> 「否，不然。伊尹耕於有莘之野，而樂堯舜之道焉。非其義
> 也，非其道也，祿之以天下，弗顧也。繫馬千駟，弗視也。
> 非其義也，非其道也，一介不以與人，一介不以取諸人。湯
> 使人以幣聘之，囂囂然曰：『我何以湯之聘幣為哉！我豈若
> 處畎畝之中，由是以樂堯舜之道哉！』湯三使往聘之；既而
> 幡然改曰：『與我處畎畝之中，由是以樂堯舜之道，吾豈若
> 使是君為堯舜之君哉！吾豈若使是民為堯舜之民哉！吾豈
> 若於吾身親見之哉！天之生此民也，使先知覺後知，使先覺
> 覺後覺也；予，天民之先覺者也，予將以斯道覺斯民也；非

---

[99] 《史記》，卷三，〈殷本紀第三〉，頁94。

予覺之而誰也！』思天下之民，匹夫匹婦，有不被堯舜之澤者，若己推而內之溝中，其自任以天下之重如此，故就湯而說之以伐夏救民。吾未聞枉己而正人者也，況辱己以正天下者乎！聖人之行不同也，或遠，或近，或去，或不去，歸絜其身而已矣。吾聞其以堯舜之道要湯，未聞以割烹也。伊訓曰：『天誅造攻自牧宮，朕載自亳。』」**[100]**

　　萬章與孟子對伊尹的身分有不同的看法，萬章主張伊尹「以割烹要湯」，與《墨子‧尚賢下》的記載接近：「昔伊尹爲莘氏女師僕，使爲庖人，湯得而舉之，立爲三公，使接天下之政，治天下之民。」**[101]**孟子則認爲伊尹「耕於有莘氏之野，而樂堯舜之道。」《孟子》強調伊尹是「先覺者」，「予將以斯道覺斯民」，此處所言之「道」，即伊尹認爲的「堯舜之道」。伊尹願意承擔天下重任，冀望天下百姓皆能「被堯舜之澤」，而爲湯所用。綜觀《孟子》本段的記載，主要彰顯伊尹「以堯舜之道要湯」的旨意，孟子云：「堯舜之道，不以仁政，不能平治天下。」**[102]**伊尹所言的「堯舜之道」即仁政，也就是〈殷本紀〉中伊尹欲向湯闡明的「王道」，此爲《墨子》所未提及，而司馬遷選擇依照《孟子》之說來撰寫伊尹，其欲彰顯王道的思想已十分明顯。

　　司馬遷在〈殷本紀〉裡保留《孟子》、《墨子》等對伊尹之不

100　《孟子》，卷九，〈萬章章句上〉，頁 385-387。

101　《墨子》，卷二，〈尚賢下第十〉，頁 40。

102　《孟子》，卷七，〈離婁章句上〉，頁 284。

同身分的記載，作爲「有莘氏媵臣」的伊尹，是爲了「致於王道」
而說湯；身爲「處士」的伊尹，則爲湯「言素王及九主之事」。依
照《索隱》之說，素王並無具體的人選，而九主指三皇、五帝及夏
禹，[103]九主代表的是上古聖王，皆是有遺德在民的明君。不論伊尹
是「媵臣」，或是「處士」的身分，司馬遷在〈殷本紀〉裡，彰顯
伊尹是一位深明古代聖王之道者。湯重用伊尹的意義，除了說明湯
聽從伊尹以王道治國之外，伊尹歸亳，遇女鳩、女房兩位賢人，也
反映湯能得天下賢人之意，誠如子夏所言：「湯有天下，選於衆，
舉伊尹，不仁者遠矣。」[104]

　　從文獻可知，伊尹受到重用，與其善治之長才息息相關。伊尹
不僅是開國元勳，同時也是湯至太甲時期的輔政大臣，伊尹對於商
朝的建立，有其非常重要的政治地位。

　　第四段以「網開三面」的故事，說明湯是一位仁德之君：

　　　　湯出，見野張網四面，祝曰：「自天下四方皆入吾網。」湯
　　　　曰：「嘻！盡之矣。」乃去其三面，祝曰：「欲左，左。欲
　　　　右，右。不用命，乃入吾網。」諸侯聞之，曰：「湯德至矣，
　　　　及禽獸。」[105]

103　司馬貞，《史記索隱》：「按：素王者太素上皇，其道質樸，故稱素王。
　　　九主者，三皇、五帝及夏禹也。或曰，九主謂九皇也。然按注劉向所稱
　　　九主，載之《七錄》，名稱其奇，不知所憑據耳。」收入《新校本史記
　　　三家注并附編二種》，卷三，〈殷本紀第三〉，頁94。
104　《論語》，卷十五，〈顏淵第十二〉，頁278。
105　《史記》，卷三，〈殷本紀第三〉，頁95。

此處引文，看似讚美湯之德廣及禽獸，實則藉此隱喻湯因此樹立起仁德之名，諸侯聞之莫不歸附，反映出湯已得天下人心的事實。《呂氏春秋‧孟冬紀》也記載這個典故，並清楚地指出湯「網開三面」之深意：「湯曰：『嘻！盡之矣。非桀其孰爲此也？』……人置四面，未必得鳥；湯去其三面，置其一面，以網其四十國，非徒網鳥也。」[106]湯網開三面，德及禽獸的事蹟，坐收四十國歸附之效，象徵湯已得天下人心。《呂氏春秋‧季秋紀》則記載了「湯禱桑林」的典故，說明湯爲民禱雨祈福，湯能「取民之要」，[107]是一心爲民的君主。《孟子》也形容湯深得民心：「民望之，若大旱之望雲霓也。」[108]不論是網開三面或是湯禱桑林的記載，皆說明了湯能愛民、行仁義的德政，也反映出湯已經得到民心的基礎，故能得天下。

　　司馬遷在〈殷本紀〉裡描述湯爲百姓而戰，並得賢能輔佐，得天下人心，接著將筆鋒轉向夏桀的「虐政淫荒」：

106　《呂氏春秋》，卷十，〈孟冬紀第十〉，頁 102-103。

107　《呂氏春秋》，卷九，〈季秋紀第九〉，頁 86-87：「民之所說豈眾哉？此取民之要也。昔者湯克夏而正天下，天大旱，五年不收，湯乃以身禱於桑林，曰：『余一人有罪，無及萬夫。萬夫有罪，在余一人，無以一人之不敏，使上帝鬼神傷民之命。』於是翦其髮，酈其手，以身爲犧牲。用祈福於上帝，民乃甚說。雨乃大至，則湯達乎鬼神之化人事之傳也。」

108　《孟子》，卷二，〈梁惠王章句下〉，頁 90：「臣聞七十里爲政於天下者，湯是也。未聞以千里畏人者也。書曰：『湯一征，自葛始。』天下信者，東面而征，西夷怨；南面而征，北狄怨，曰：『奚爲後我？』民望之，若大旱之望雲霓也。歸市者不止，耕者不變，誅其君弔其民，若時雨降，民大悅。書曰：『徯我后，后來其蘇。』」

當是時，夏桀為虐政淫荒，而諸侯昆吾氏為亂。湯乃興師率諸侯，伊尹從湯，湯自把鉞以伐昆吾，遂伐桀。湯曰：「格女眾庶，來，女悉聽朕言。匪台小子敢行舉亂，有夏多罪，予維聞女眾言，夏氏有罪。予畏上帝，不敢不正。今夏多罪，天命殛之。今女有眾，女曰『我君不恤我眾，舍我嗇事而割政』。女其曰『有罪，其柰何』？夏王率止眾力，率奪夏國。有眾率怠不和，曰『是日何時喪？予與女皆亡』！夏德若茲，今朕必往。爾尚及予一人致天之罰，予其大理女。女毋不信，朕不食言。女不從誓言，予則帑僇女，無有攸赦。」以告令師，作〈湯誓〉。於是湯曰「吾甚武」，號曰武王。[109]

〈殷本紀〉裡提到湯滅夏之前，曾先征伐昆吾，《國語・鄭語》稱：「昆吾為夏伯矣」，[110]昆吾是親近夏朝的諸侯，夏朝卻已無力保護其諸侯，可見湯的軍事力量已經不容小覷。《孟子》讚美湯：「十一征而無敵於天下」，[111]但並未詳載「十一征」是指湯曾經征伐了哪些國家。《詩・商頌・長發》則提及另外兩次的征伐：「韋、顧既伐，昆吾、夏桀」，[112]可見湯在討伐昆吾之前，已經先行討伐韋、顧兩國。湯瓦解韋、顧、昆吾等親近夏朝的諸侯，先孤立夏朝的勢力，最後才滅夏，然而，司馬遷在〈殷本紀〉裡省略了湯滅夏桀之前的諸多戰役，僅提及葛國與昆吾兩國，討伐葛國是為百姓而戰，

---

109 《史記》，卷三，〈殷本紀第三〉，頁95。
110 《國語》，卷第十六，〈鄭語〉，頁368。
111 《孟子》，卷六，〈滕文公章句下〉，頁255。
112 《詩》，卷二十之四，〈商頌・玄鳥〉，頁803。

也是象徵湯征伐的開始；討伐昆吾，則代表了翦除夏朝屬國的最後勢力，從此奠定了建立商朝的基礎。

〈殷本紀〉引用《尚書・湯誓》的內容，說明湯認為討伐夏桀的時機已經成熟，[113]夏桀將自己比喻為太陽，[114]夏朝百姓說：「是日何時喪？予與女皆亡」，透露出夏朝百姓期望夏桀滅亡，甚至願意與夏桀同歸於盡的想法，反映出夏桀的統治已經激起強烈的民怨，百姓對夏桀的暴政已經到了忍無可忍的地步。

關於湯取得天下的手段，杜正勝認為：「成湯代夏建國要非基於仁義，而是為爭奪盟主霸權而戰的，一如後世政治權力的鬥爭。」[115]湯以武力滅夏取天下，固是事實的一面，但司馬遷在〈殷本紀〉中強調的是，湯發動戰爭的理由，是為百姓而戰，是順應民心之舉，反映出湯建立商朝並非全然只用武力，再者，湯能任用賢能，得到諸侯的支持，其作為符合王道精神的表現。

113　《尚書》，卷第八，〈商書・湯誓第一〉，頁十三：「王曰：格爾眾庶，悉聽朕言！非台小子，敢行稱亂；有夏多罪，天命殛之。今爾有眾，汝曰：『我后不恤我眾，舍我穡事，而割正夏。』予惟聞汝眾言；夏氏有罪。予畏上帝，不敢不正。今汝其曰：『夏罪其如台？』夏王率遏眾力，率割夏邑，有眾率怠弗協，曰：『時日何喪？予及汝皆亡！』夏德若茲，今朕必往。爾尚輔予一人，致天之罰，予其大賚汝。爾無不信，朕不食言，爾不從誓言，予則孥戮汝，罔有攸赦。」

114　王玉哲指出：「夏末氏族首領職務已在轉化為統治權力，一族之長高於一切人之上，已經以統治者自居，甚至自比為永不滅的太陽。」參見氏著，《中華遠古史》，前引書，頁149。

115　杜正勝，〈試論先秦的成湯傳說〉，《大陸雜誌》第47卷第2期（1973年8月），頁45。

〈殷本紀〉記載湯滅夏桀，「於是諸侯畢服，湯乃踐天子位，平定海內。」[116]〈殷本紀〉接著引用《尚書·湯誥》說明湯對諸侯的期許：

> 湯歸至于泰卷陶，中䁩作誥。既紐夏命，還亳，作〈湯誥〉：「維三月，王自至於東郊。告諸侯羣后：『毋不有功於民，勤力迺事。予乃大罰殛女，毋予怨。』曰：『古禹、皋陶久勞于外，其有功乎民，民乃有安。東為江，北為濟，西為河，南為淮，四瀆已修，萬民乃有居。后稷降播，農殖百穀。三公咸有功于民，故后有立。昔蚩尤與其大夫作亂百姓，帝乃弗予，有狀。先王言不可不勉。』曰：『不道，毋之在國，女毋我怨。』」以令諸侯。伊尹作〈咸有一德〉，咎單作〈明居〉。」[117]

上段引文顯示，湯作〈湯誥〉告誡諸侯勤於民政，盡力為百姓謀求福祉，並以古代氏族領袖為典範，強調大禹、皋陶、后稷等人，皆能使百姓安居樂業；至如蚩尤「作亂百姓」者，則不得上天降福保全其國。從湯對諸侯的告誡可知，諸侯得以在位的基本條件是「有功于民」，勉勵諸侯要對百姓有所貢獻，本段反映出湯以仁政治國的政策。

---

[116] 《史記》，卷三，〈殷本紀第三〉，頁96。
[117] 《史記》，卷三，〈殷本紀第三〉，頁97。

　　〈殷本紀〉裡最後記載湯改正朔，以示建立新朝代：「湯乃改正朔，易服色，上白，朝會以畫。」[118]〈殷本紀〉裡沒有記載湯在位年數，或是湯立國之後的政績，由於湯得天下人心而建立商朝，因此，商朝建立之初，並沒有像啓建立夏朝之初，遭遇政權不穩定的困境。湯是殷商的開國之君，卜辭中湯名「大乙」、「唐」，商人於固定之日進行祭祀，可見其地位之崇高。[119]

　　在〈殷本紀〉中，司馬遷強調契的貢獻與湯的仁德，處處彰顯商代的建立與其在上位者行王道，是密不可分的。

三、周族的興起與周代的建立

（一）周族的興起

1、后稷

　　〈周本紀〉記載周族綿長悠久的歷史，弃興於唐堯之際，建立功德於民。姜原感孕生弃，以為不祥，初欲棄之，因名曰「弃」。弃在孩童時期已經展現農業種植的興趣與長才：

> 弃為兒時，屹如巨人之志。其游戲，好種樹麻、菽、麻、菽美。及為成人，遂好耕農，相地之宜，宜穀者稼穡焉，民皆法則之。帝堯聞之，舉弃為農師，天下得其利，有功。帝舜

118　《史記》，卷三，〈殷本紀第三〉，頁98。

119　宋鎮豪主編、韓江蘇、江林昌著，《〈殷本紀〉訂補與商史人物徵》（北京：中國社會科學出版社，2010），頁96-98。

曰：「弃，黎民始飢，爾后稷播時百穀。」封弃於邰，號曰
后稷，別姓姬氏。后稷之興，在陶唐、虞、夏之際，皆有令
德。**120**

弃興起於堯、舜時期，由於擅長農業，教導百姓種植的方法，而被
堯推舉為農師。弃因為教導百姓耕農，有功於民，受封於邰，號曰
「后稷」。由於后稷發展農業文明之「德」，對百姓有極大的貢獻，
也成為中國文明演進過程中的代表人物。后稷是周人的始祖，其擅
長農業的本事傳承給子孫，成為歷代周人學習的精神典範。

2、公劉

后稷死後，其子不窋即位，面臨夏朝政權不穩定的時期，帶領
周人移居至戎狄地區：

不窋末年，夏后氏政衰，去稷不務，不窋以失其官而犇戎狄
之閒。不窋卒，子鞠立。鞠卒，子公劉立。公劉雖在戎狄之
閒，復脩后稷之業，務耕種，行地宜，自漆、沮度渭，取材
用，行者有資，居者有畜積，民賴其慶。百姓懷之，多徙而
保歸焉。周道之興自此始，故詩人歌樂思其德。公劉卒，子
慶節卒，國於豳。**121**

〈周本紀〉裡所載「夏后氏政衰」，應指太康失國的時期，《集解》

120　《史記》，卷四，〈周本紀第四〉，頁112。
121　仝上。

引韋昭曰：「夏太康失國，廢稷之官，不復務農，」[122]不窋失去后稷之官，無法繼續教民農業，而率領周人遷往戎狄之地。

傳至公劉，他帶領周族重振農業的發展，考察土地與適宜種植的作物，並且率領周族自沮、漆水渡過渭水定居，周人逐漸地累積財富，改善生活的條件，四周的百姓也前來歸附。〈周本紀〉裡根據《詩‧大雅‧公劉》的記載，讚美公劉率領周人在豳定居，教民開墾農業、種植糧食，並勘察適合居住的環境。[123]故曰：「周道之興始於此」。

3、古公亶父

公劉之後，再傳九世至古公亶父。[124]此時周族定居豳地已將近三百年之久，古公亶父遵循周族先祖后稷、公劉之業，繼續發揮周

---

122 裴駰，《史記集解》引韋昭曰。參見《新校本史記三家注并附編二種》，卷四，〈周本紀第四〉，頁113。

123 《詩》，卷十七之三，〈大雅‧公劉〉，頁617-621：「篤公劉，匪居匪康，迺場迺疆，迺積迺倉。迺裹餱糧，于橐于囊。思輯用光。弓矢斯張，干戈戚揚，爰方啟行。篤公劉，于胥斯原。既庶既繁。既順迺宣，而無永歎。陟則在巘，復降在原。何以舟之？維玉及瑤，鞞琫容刀。篤公劉，逝彼百泉，瞻彼溥原。迺陟南岡，乃覲于京。京師之野，于時處處，于時廬旅。于時言言，于時語語。篤公劉，于京斯依，蹌蹌濟濟，俾筵俾几。既登乃依，乃造其曹；執豕于牢。酌之用匏。食之飲之，君之宗之。篤公劉，既溥既長，既景迺岡，相其陰陽，觀其流泉。其軍三單，度其隰原，徹田為糧。度其夕陽，豳居允荒。篤公劉，于豳斯館。涉渭為亂，取厲取鍛。止基迺理，爰眾爰有。夾其皇澗，遡其過澗。止旅乃密，芮鞫之即。」

124 《史記》，卷四，〈周本紀第四〉，頁113：「慶節卒，子皇僕立。皇僕卒，子差弗立。差弗卒，子毀隃立。毀隃卒，子公非立。公非卒，子高

族農業的專長，而為族人所擁載。周族建立起安定的農業生活，成為周遭戎狄部落覬覦的對象，〈周本紀〉云：

> 古公亶父復脩后稷、公劉之業，積德行義，國人皆戴之。薰育戎狄攻之，欲得財物，予之。已復攻，欲得地與民。民皆怒，欲戰。古公曰：「有民立君，將以利之。今戎狄所為攻戰，以吾地與民。民之在我，與其在彼，何異。民欲以我故戰，殺人父子而君之，予不忍為。」乃與私屬遂去豳，度漆、沮，踰梁山，止於岐下。豳人舉國扶老攜弱，盡復歸古公於岐下。及他旁國聞古公仁，亦多歸之。於是古公乃貶戎狄之俗，而營築城郭室屋，而邑別居之。作五官有司。民皆歌樂之，頌其德。[125]

薰育戎狄攻擊周族，掠奪財物，甚至想奪取周人經營已久的土地與人民，古公亶父不忍百姓與戎狄發動戰爭，因此決定遷離自公劉以來定居數百年的居住地。《孟子·梁惠王下》稱：「非擇而取之，不得已也。」[126]古公亶父迫於戎狄而有其不得不遷徙的理由，古公亶父向百姓表達不願與戎狄爭地的理由，邠人稱之為「仁人」，[127]

圍立。高圉卒，子亞圍立。亞圍卒，子公叔祖類立，公叔祖類卒，子古公亶父立。」

125　《史記》，卷四，〈周本紀第四〉，頁113-114。

126　《孟子》，卷二，〈梁惠王章句下〉，頁96。

127　《孟子》，卷二，〈梁惠王章句下〉，頁97-98，云：「昔者大王居邠，狄人侵之，事之以皮幣，不得免焉。事之以犬馬，不得免焉。事之以珠

且樂於追隨之。《莊子‧讓王》讚美古公亶父：「可謂能尊生矣」，其記載與《孟子‧梁惠王下》接近，唯文字略有不同。[128]《史記‧匈奴列傳》記載：「戎狄攻大王亶父，亶父亡走岐下」，[129]可見周族決定放棄定居三百年的豳地，主要是因爲長期受到戎狄的侵擾，也無力抵抗，因而不得不遷徙。而司馬遷在〈周本紀〉中強調古公亶父不忍百姓們與戎狄作戰而遷徙至周原，豳人與鄰國百姓皆願追隨之，反映出古公亶父是一位仁德之君，是本於《孟子》之說。

　　古公亶父帶領周人遷徙是一件重大的決定，其冒險的精神，開創周族更多發展的可能性。古公亶父離開周族經營已久的豳，越過涇河、漆河，穿過梁山，抵達岐山下的周原，並在周原營建宮室。《詩‧大雅‧緜》曰：「古公亶父，來朝走馬，率西水滸，至于岐下。……周原膴膴，菫荼如飴。」[130]周原位在今陝西省關中平原的西部，北倚岐山，南臨渭河，西有汧河，東有漆水河，廣義的說，

　　玉，不得免焉。乃屬其者老而告之曰：『狄人之所欲者，吾土地也，吾聞之也。君子不以其所以養人者害人，二三子何患乎無君，我將去之。』去邠。踰梁山，邑于岐山之下居焉。邠人曰：『仁人也，不可失也。』從之者如歸市。」

128　《莊子》，卷八，〈讓王第二十八〉，頁188：「大王亶父居邠，狄人攻之，事之以皮帛而不受，事之以犬馬而不受，事之以珠玉而不受，狄人之所求者，土地也。大王亶父曰：『與人之兄居，而殺其弟，與人之父居，而殺其子，吾不忍也。子皆勉居矣，為吾臣，與為狄人臣，奚以異，且吾聞之，不以所用養害所養。』因杖筴而去之。民相連而從之，遂成國於岐山之下，夫大王亶父，可謂能尊生矣。」

129　《史記》，卷一百十，〈匈奴列傳第五十〉，頁2881。

130　《詩》，卷十六之二，〈大雅‧緜〉，頁547。

周原包括今陝西鳳翔、岐山、扶風、武功四縣的大部分，兼有寶雞、眉縣、乾縣三縣的小部分，東西長約七十餘公里，南北寬約二十餘公里。[131]根據 1976 年在陝西岐山發掘的西周考古遺址，鳳雛村發現兩組宮室（宗廟）建築基址，扶風召陳村發現十五處大型建築群基址，此與《詩・大雅・縣》與《史記・周本紀》所記載古公亶父營建城郭宮室是吻合的。

　　徐中舒認為古公亶父率眾遷徙至周原，奠定周族發展的基礎：「蓋周之王業實自大王遷岐始。岐在渭水河谷，土地豐沃，宜於稼穡，南接褒、斜，可通江、漢、巴、蜀，周人驟得此而國勢始盛，因此肇立翦滅殷商之基礎。」[132]古公亶父發揚周族擅長的農業，並遵循周族祖先的精神，帶領百姓建立農業文明的定居生活，逐步奠定周族強盛的基礎。司馬遷在〈周本紀〉中強調古公亶父能行后稷、公劉之業，保護百姓不受戎狄侵擾、率眾遷徙至岐山、發展農業等積德行義的表現，以及為了選賢而傳位於季歷，皆反映出古公亶父是一位有德的仁君，也是周族興起過程中的重要人物之一。

4、季歷

　　〈周本紀〉記載古公亶父有三子：

> 古公有長子曰太伯，次曰虞仲。太姜生少子季歷，季歷娶太任，皆賢婦人，生昌，有聖瑞。古公曰：「我世當有興者，

131　陳全方，《周原與周文化》（上海：上海人民出版社，1998），頁 5。
132　徐中舒，〈殷周之際史蹟之檢討〉，收入氏著，《徐中舒歷史論文選輯》（北京：中華書局，1998），頁 658。

其在昌乎?」長子太伯、虞仲知古公欲立季歷以傳昌,乃二
人亡如荊蠻,文身斷髮,以讓季歷。[133]

古公亶父寄望傳位於三子季歷,因為季歷之子昌,出生時有聖王的
祥瑞徵兆。《史記‧吳太伯世家》也記載太伯、仲雍出奔荊蠻,成
為吳國的始祖。[134]徐中舒根據《左傳》的記載,主張吳國為姬姓,
而太伯、仲雍立國於吳的原因:「大伯、仲雍必帥周人遠征之師以
經營南土,為周人之遠戍軍。」[135]楊寬綜合其它文獻的記載,對古
公亶父傳位幼子的安排提出不同的解釋。《左傳‧僖公五年》記載
虞國大夫宮之奇講述虞國的歷史:「大伯、虞仲,大王之昭也;太
伯不從,是以不嗣。」[136]虞國的始祖是太伯與虞仲,而位在今山西
的虞國,是周族向外開拓的重要戰略據點。《詩‧大雅‧皇矣》:
「帝作邦作對,自大伯、王季。惟此王季,因心則友。則友其兄,

133　《史記》,卷四,〈周本紀第四〉,頁115。

134　《史記》,卷三十一,〈吳太伯世家第一〉,頁1445:「吳太伯,太伯
　　　弟仲雍,皆周太王之子,而王季歷之兄也。季歷賢,而有聖子昌,太王
　　　欲立季歷以及昌,於是太伯、仲雍二人乃犇荊蠻,文身斷髮,示不可用,
　　　以避季歷。季歷果立,是為王季,而昌為文王。太伯之犇荊蠻,自號句
　　　吳。荊蠻義之,從而歸之千餘家,立為吳太伯。」

135　徐中舒主張此說的原因為:「一,《詩‧皇矣》之三章云:『維此王季,
　　　因心則友,則友其兄。』此周人稱頌先德而謂王季『則友其兄』;知大
　　　伯必非爭國出亡;二,商如收容周之叛人,自應安置於周之近境,用以
　　　害周,而不當遠置於吳;即謂吳為後遷之地,而周章之弟虞仲所封之虞,
　　　為紂所置,然《詩》言虞、芮質成,既不能害周,亦非逃人所當出此。」
　　　參見氏著,〈殷周之際史蹟之檢討〉,前引文,頁661-662。

136　《左傳》,〈僖公五年〉,頁307-308。

則篤其慶。」[137]楊氏解釋「帝作邦作對」:「上帝建立了一對邦國,這一對邦國是創始於太伯、王季。也就是說太伯從周分出去建立的虞和季歷繼承君位的周國,成為配對互助的國家」,「說明季歷之所以能夠開拓領土,是由於與太伯合作的結果。」[138]

　　上述徐、楊二氏對於太伯與虞仲向外開拓的地點意見分歧,但一致認為太伯與虞仲讓國的原因,是因為古公亶父安排太伯、虞仲,向外開拓新的根據地。〈周本紀〉並未提及古公亶父傳子的安排具備軍事佈署的用意,而《詩·魯頌·閟宮》云:「后稷之孫,實維大王;居岐之陽,實始翦商」,[139]卻已反映出古公亶父帶領周人遷至岐山下的周原,已經具備滅商的打算,那麼太伯、虞仲出奔所顯示的意義,應是具有軍事佈署之意,而司馬遷在〈周本紀〉中則選擇略而不提。

　　《後漢書·西羌傳》注引《竹書紀年》的記載,季歷時期,周族開始壯大,周族具備向外征伐的能力,此時討伐諸戎是周族的重要大事:

　　　　武丁三十五年,周王季伐西落鬼戎,俘二十翟王。
　　　　太丁二年,周人伐燕京之戎,周師大敗。
　　　　太丁四年,周人伐余無之戎,克之。周王季命為殷牧師也。
　　　　太丁七年,周人伐始呼之戎,克之。十一年,周人伐翳徒之

137　《詩》,卷十六之四,〈大雅·皇矣〉,頁569。
138　楊寬,《西周史》(台北:台灣商務印書館,1999),頁60。
139　《詩》,卷二十之二,《魯頌·閟宮》,頁777。

戎，捷其三大夫。*140*

從上述引文的記載可知，季歷戰勝西落鬼戎、余無之戎、始呼之戎、翳徒之戎，也因此得到商王太丁的認同，任命爲牧師。《詩・大雅・皇矣》稱季歷爲「王季」，反映季歷已有「王」的稱號。季歷雖稱王，但在殷周關係上，仍是臣服於殷商的地位。《晉書・束晳傳》載《古本竹書紀年》的異說：「文丁殺季歷」。*141*《史記・龜策列傳》也有類似的記載：「殺周太子歷，囚文王昌。」*142*楊寬指出，「太子」二字當爲「季」字之譌，「紂」乃「文丁」之誤。*143*史書並未記載文丁殺季歷的原因，然而，季歷多次征伐諸戎的勝利，極有可能引起商王文丁的戒心，最後招來殺身之禍。

〈周本紀〉中對季歷的具體描述很少，只記載季歷即位：「修古公遺道，篤於行義，諸侯順之。」*144*司馬遷對於季歷時期的征伐、季歷爲文丁所殺等事略而不提，反映出他強調季歷能效法古公亶父施行仁義，因而得到諸侯的支持，此應是司馬遷強調王道的思想所致。

---

140 《後漢書》，卷八十七，〈西羌傳第七十七〉注引《竹書紀年》，頁 2871。

141 《晉書》，卷五十一，〈束晳傳第二十一〉，頁 1432。

142 《史記》，卷一百二十八，〈龜策列傳第六十八〉，頁 3234。

143 楊寬，《西周史》，前引書，頁 64。

144 《史記》，卷四，〈周本紀第四〉，頁 116。

（二）周代的建立

1、西伯之德

　　〈周本紀〉以五段的篇幅，描寫西伯興起的始末。首先，關於西伯興起的原因：

> 公季卒，子昌立，是為西伯。西伯曰文王。遵后稷、公劉之業，則古公、公季之法，篤仁，敬老，慈少。禮下賢者，日中不暇食以待士，士以此多歸之。伯夷、叔齊在孤竹，聞西伯善養老，盍往歸之。太顛、閎夭、散宜生、鬻子、辛甲大夫之徒皆往歸之。**145**

　　〈周本紀〉描述西伯「遵后稷、公劉之業，則古公、公季之法。」后稷、公劉、古公、與公季，此四人皆為周族興起的重要人物：后稷擅長農事，教導百姓發展農業；公劉帶領周族發展農業，定居於豳，重振周族的勢力；古公亶父帶領周族遷往周原；公季施行仁義，諸侯歸順。西伯效法影響周族興起的先祖，說明其欲振興周族的企圖心，以及傳承周族世代為民奮鬥的精神。清人牛運震稱：「紀周家世德相承，層累迴環，不厭其複，此太史公手法之妙也。」**146**

　　西伯「篤仁，敬老，慈少。禮下賢者」的表現，正是儒家理想的仁君形象。《詩·大雅·文王之什》讚美西伯：「世之不顯，厥

145　《史記》，卷四，〈周本紀第四〉，頁116。

146　（清）牛運震、崔凡芝校釋，《空山堂史記評註校釋：附史記糾謬》，卷一，（北京：中華書局，2012），頁20。

猶翼翼。思皇多士，生此王國。王國克生，維周之楨。濟濟多士，文王以寧。」[147]〈周本紀〉具體地指出天下賢士，如伯夷、叔齊、太顛、閎夭、散宜生、鬻子、辛甲大夫等人，皆歸往西伯。

〈周本紀〉承襲《孟子》之說，主張西伯是「善養老者」的仁君，伯夷、太公是「天下大老」，此二人歸附西伯，象徵天下之人皆願歸附西伯之意。[148]《孟子・盡心上》更進一步指出西伯「善養老者」的方法：「所謂西伯善養老者，制其田里，教之樹畜，導其妻子，使養其老。五十非帛不煖，七十非肉不飽。不煖不飽，謂之凍餒。文王之民，無凍餒之老者，此之謂也。」[149]此即本書第二章第三節所論孟子提出的養民方法，也就是孟子主張仁政的具體措施，[150]可見司馬遷在〈周本紀〉中強調西伯「善養老者」，實為西伯善養民，且能施行仁政之意。〈周本紀〉承襲《孟子》之說，從西伯施行仁政與任用賢能等作為，說明周族興起的原因，文王、伯夷等天下大老的歸附，也帶動天下賢士的歸附。此時人才聚集於西伯的現象，也已呈現出殷、周勢力消長的微妙變化。

其二，〈周本紀〉記載崇侯虎向紂王譖西伯：

147　《詩》，卷十六之一，〈大雅・文王〉，頁535。

148　《孟子》，卷七，〈離婁章句上〉，頁301-302：孟子曰：「伯夷辟紂，居北海之濱，聞文王作興，曰：『盍歸乎來！吾聞西伯善養老者。』太公辟紂，居東海之濱，聞文王作興，曰：『盍歸乎來！吾聞西伯善養老者。』二老者，天下之大老也，而歸之，是天下之父歸之也。天下之父歸之，其子焉往？諸侯有行文王之政者，七年之內，必為政於天下矣。」

149　《孟子》，卷十三，〈盡心章句上〉，頁537。

150　第二章第三節「繼孟子依據歷史闡述王道思想」已論述孟子主張，養民為施行仁政的具體措施之一。

崇侯虎譖西伯於殷紂曰:「西伯積善累德,諸侯皆嚮之,將
不利於帝。」帝紂乃囚西伯於羑里。閎夭之徒患之,乃求有
莘氏美女,驪戎之文馬,有熊九駟,他奇怪物,因殷嬖臣費
仲而獻之紂。紂大說,曰:「此一物足以釋西伯,況其多乎!」
乃赦西伯,賜之弓矢斧鉞,使西伯得征伐。曰:「譖西伯者,
崇侯虎也。」西伯乃獻洛西之地,以請紂去炮格之刑。紂許
之。*151*

崇侯虎見西伯得到諸侯的擁戴,已發覺西伯勢力的興起,將不利於
殷商政權的發展,乃向紂王進讒言,囚禁西伯。西伯之臣閎夭等人,
進獻美女、好馬、奇物,並透過紂王的嬖臣費仲,請求釋放西伯。
崇侯虎雖有政治敏感度,見到殷周勢力消長的警訊而提出諫言,無
奈紂王不敵美女、珍寶之惑,而赦免西伯,並賜予其征伐的權力。
「西伯」之稱,象徵西方諸侯之長,西伯掌握紂王所賜予征伐權力
的機會,趁機向外發展,此即《左傳·襄公四年》韓獻子所言:「文
王帥殷之叛國以事紂,唯知時也。」*152*

　　《呂氏春秋·季秋紀》對於西伯(文王)為民請除炮烙之刑的
用意,有著精闢的分析:

文王處岐事紂,冤侮雅遜,朝夕必時,上貢必適,祭祀必敬。
紂喜,命文王稱西伯,賜之千里之地,文王載拜稽首而辭曰:

151　《史記》,卷四,〈周本紀第四〉,頁 116-117。
152　《左傳》襄公四年,頁 932。

「願為民請炮烙之刑。」文王非惡千里之地，以為民請炮烙
之刑，必欲得民心也。得民心，則賢於千里之地。故曰：文
王智矣。*153*

引文指出西伯為民請求除去酷刑，是為了「得民心」，以千里之地
換取民心，是西伯的明智之舉。

其三，西伯平虞、芮之訟：

西伯陰行善，諸侯皆來決平。於是虞、芮之人有獄不能決，
乃如周。入界，耕者皆讓畔，民俗皆讓長。虞、芮之人未見
西伯，皆慚，相謂曰：「吾所爭，周人所恥，何往為，祇
取辱耳。」遂還，俱讓而去。諸侯聞之，曰「西伯蓋受命
之君。」*154*

《詩·大雅·緜》稱：「虞芮質厥成，文王蹶厥生。」*155*虞、芮兩
國發生爭端，並未尋求天下共主商王的仲裁，反而前往周國，可見
西伯之德已經得到諸侯國的認同。虞、芮之君進入周境，見到百姓
相讓不爭的風氣，彼此和解。諸侯得知此事，讚美周文王能治民，
是能得天下者。

其四，西伯開始征伐的行動：

---

153 《呂氏春秋》，卷九，〈季秋紀第九〉，頁87。
154 《史記》，卷四，〈周本紀第四〉，頁117。
155 《詩》，卷第十六之二，〈大雅·緜〉，頁551。

> 明年，伐犬戎。明年，伐密須。明年，敗耆國。殷之祖伊聞
> 之，懼，以告帝紂。紂曰：「不有天命乎？是何能為！」明
> 年，伐邘。明年，伐崇侯虎。而作豐邑。自岐下而徙都豐。
> 明年，西伯崩，太子發立。是為武王。*156*

西伯連續三年討伐犬戎、密須、耆國，如此密集的軍事行動，說明
西伯已經具備強大的軍事實力，同時也解除周人在西邊的後顧之
憂，為向東發展作好準備。商臣祖伊看到西伯一連串的向外征伐，
已經威脅到殷商王朝的勢力，因而勸諫紂王。紂王以天命之說拒
諫，絲毫沒有意識到西伯勢力已經壯大的危機。李學勤主張：「周
文王伐邘一事是周、商勢力對比轉換的標誌，因為邘即沁陽的盂，
文王伐此地，實即直叩天邑商的門戶。因此，武王伐商，中途已無
任何阻礙，可以直驅而至商郊。」*157*張光直認為，「邘國已深入商
王田獵區，是殷商經濟的一個重心；《史記》只說『伐邘』，當未
敗滅，但用兵至此，已是很明顯的捋商人的虎鬚了。」*158*由此可見，
西伯征伐殷商的附屬國，孤立商朝，逐步奠定覆滅商朝的基礎。

其五，總結西伯在位五十年，對周人建立王朝的重要性：

> 西伯蓋即位五十年。其囚羑里，蓋益易之八卦為六十四卦。
> 詩人道西伯，蓋受命之年稱王而斷虞芮之訟。後十年而崩，

156　《史記》，卷四，〈周本紀第四〉，頁 118。
157　李學勤，《殷代地理簡論》（台北：木鐸出版社，1982），頁 97。
158　張光直，〈殷周關係的再檢討〉，收入氏著，《中國青銅時代》（台北：
　　　聯經出版事業公司，1994），頁 102。

諡為文王。改法度，制正朔矣。追尊古公為太王，公季為王季：蓋王瑞自太王興。[159]

《國語・周語下》稱：「自后稷始基靖民，十五王而文王始平之。」[160]牛運震曰：「〈周本紀〉自篇首至『蓋王瑞自太王興』，敘周家世德，質古篤雅，提挈過接，收截照應，無法不備，可悟史學紀事用筆之妙。」[161]

　　綜合以上〈周本紀〉裡記載西伯的五段內容可知，司馬遷強調西伯是一位仁德之君，天下之士皆願歸附之；西伯不畏崇侯虎之譖，為百姓請命免除炮烙之刑，深受百姓的愛戴；西伯「斷虞、芮之訟」，則說明了西伯國內大治，諸侯願意歸附的事實；西伯攻打犬戎、密須、耆、崇等國，闡明了西伯開始使用武力翦除殷商的勢力；最後總結西伯建立滅商的基礎，其未竟之業，則留待武王完成。從〈周本紀〉對周族興起的撰寫方式，可以很清楚地看到司馬遷從后稷、公劉、古公亶父、季歷、西伯等人仁德愛民的具體事蹟，說明周族先人重視百姓的生活，並任用賢能輔佐，因而廣受百姓的支持與諸侯的擁戴。后稷樹立起周族的仁君典範，後代周人能效法后稷施德政於民者，無不振興周族。〈周本紀〉詳載周族先人有功於民的事蹟，不僅說明周人興起的原因，更充分地傳達了司馬遷所欲彰顯的王道思想。

159　《史記》，卷四，〈周本紀第四〉，頁119。
160　《國語》，卷第三，〈周語下〉，頁80。
161　（清）牛運震；崔凡芝校釋，《空山堂史記評註：附史記糾繆》，前引書，頁21。

2、武王伐紂

〈周本紀〉以五段的篇幅，撰寫武王伐紂的準備。其一，武王繼承文王未竟之業，以「太公望為師，周公旦為輔，召公、畢公之徒左右王，師脩文王緒業。」[162]武王尊文王之臣太公望為師，任用賢能之士，繼承文王開創的基業。《墨子·尚賢》稱：「武王有閎夭、泰顛、南宮括、散宜生而天下和，庶民阜，是以近者安之，遠者歸之。」[163]

其二，記載武王觀兵於盟津：

> 九年，武王上祭于畢。東觀兵，至于盟津。為文王木主，載以車，中軍。武王自稱太子發，言奉文王以伐，不敢自專。乃告司馬、司徒、司空、諸節：「齊栗，信哉！予無知，以先祖有德臣，小子受先功，畢立賞罰，以定其功。」遂興師。師尚父號曰：「總爾眾庶，與爾舟楫，後至者斬。」武王渡河，中流，白魚躍入王舟中，武王俯取以祭。既渡，有火自上復于下，至于王屋，流為鳥，其色赤，其聲魄云。是時，諸侯不期而會盟津者八百諸侯。諸侯皆曰：「紂可伐矣。」武王曰：「女未知天命，未可也。」乃還師歸。[164]

162　《史記》，卷四，〈周本紀第四〉，頁120。
163　《墨子》，卷二，〈尚賢下第十〉，頁43。
164　《史記》，卷四，〈周本紀第四〉，頁120。

武王修文王之業，繼續採用文王受命稱王之年爲元年，並載文王木主而行，且自稱「太子發」的作法，皆是表明繼承文王未竟之業的用意，以此取得諸侯們的向心力。武王觀兵於盟津，見時機尚未成熟，遂還師。楊寬指出，武王東觀兵於盟津之目的有二：「一是帶有演習性質，熟悉路程和地形，並預先作好佈置，以便此後大軍渡河北伐；二是約定與諸侯在此會盟；以便今後約定日期，在此會合誓師，共同渡河北伐。」[165]

其三，記載武王判斷伐紂的時機已至：

> 居二年，聞紂昏亂暴虐滋甚，殺王子比干，囚箕子。太師疵、少師彊抱其樂器而犇周。於是武王徧告諸侯曰：「殷有重罪，不可以不畢伐。」乃遵文王，遂率戎車三百乘，虎賁三千人，甲士四萬五千人，以東伐紂。十一年十二月戊午，師畢渡盟津，諸侯咸會曰：「孳孳無怠！」武王乃作〈太誓〉，告于眾庶：「今殷王紂乃用其婦人之言，自絕于天，毀壞其三正，離逷其王父母弟，乃斷弃其先祖之樂，乃爲淫聲，用變亂正聲，怡說婦人。故今予發維共行天罰。勉哉夫子，不可再，不可三！」[166]

武王等待二年，聽聞紂王殺比干，囚箕子，認爲大舉東征的時機已至，決定率師東征。武王向大家宣告紂王的罪行，包括聽婦人之言、

---

165 楊寬，《西周史》，前引書，頁 79。
166 《史記》，卷四，〈周本紀第四〉，頁 121。

毀壞三正、與斷棄先祖之樂等，因而，帶領大家討伐紂王。誓師之詞中所言「共行天罰」，則是代替上天執行懲罰之意，武王以此強調其征伐的正當性。

　　其四，記載武王於牧野誓師：

> 二月甲子昧爽，武王朝至于商郊牧野，乃誓。武王左杖黃鉞，右秉白旄，以麾。曰：「遠矣西土之人！」武王曰：「嗟！我有國家君，司徒、司馬、司空，亞旅、師氏，千夫長、百夫長，及庸、蜀、羌、髳、微、纑、彭、濮人，稱爾戈，比爾干，立爾矛，予其誓。」王曰：「古人有言『牝雞無晨。牝雞之晨，惟家之索。』」今紂王維婦人言是用，自弃其先祖肆祀不答，昏弃其家國，遺其王父母弟不用，乃維四方之多罪逋逃是崇是長，是信是使，俾暴虐于百姓，以姦軌于商國。今予發維共行天之罰。今日之事，不過六步七步，乃止齊焉，夫子勉哉！不過於四伐五伐六伐七伐，乃止齊焉，勉哉夫子！尚桓桓，如虎如羆，如豺如離，于商郊，不禦克奔，以役西土，勉哉夫子！爾所不勉，其于爾身有戮。」誓已，諸侯兵會者車四千乘，陳師牧野。[167]

武王克商的時間，是在甲子日的早上，1976 年陝西出土的「利簋」銘文，已經證實〈周本紀〉言之有據。利簋證實武王克商在甲子日

167　《史記》，卷四，〈周本紀第四〉，頁 122-123。

早上，然而，武王克商之年至今仍無法確定。[168]司馬遷在〈周本紀〉裡引用《尚書‧牧誓》的全篇內容，說明武王的誓師之辭，其中特別提到武王率領庸、蜀、羌、髳、微、纑、彭、濮人，並聯合前來會合的諸侯，共同討伐紂王。《集解》引孔安國曰：「八國皆蠻夷戎狄，羌在西。蜀，叟。髳、微在巴蜀，纑、彭在西北，庸、濮在江、漢之南。」[169]《正義》引《括地志》：「武王率西南夷諸州伐紂也。」[170]徐中舒考證，「〈牧誓〉所稱從武王伐紂之八族，大致皆可徵。其地域皆偏於西、南兩方面。周人於伐殷以前，當先經營西、南，以厚殖其國力。蓋此諸族所在，地皆近於周而國力微弱，易於經略。」[171]庸、蜀等八族參與武王伐紂的行動，說明武王

---

168 《武王克商之年研究》一書收入五十七篇中外學者考證武王克商之年的說法，其中董作賓考證武王克商在西元前1111年，為許多學者所引用。參見北京師範大學國學研究所主編，《武王克商之年研究》（北京：北京師範大學出版社，1997）。1995年啟動的「夏商周斷代工程研究」，「一是通過關鍵性考古遺址的14C測年、甲骨文日月食以及文獻記載的綜合研究，縮小武王克商年的範圍；二是在以上範圍內，通過金文的排譜和對武王克商的天文學推算，尋找克商的可能年代，最後加以整合，選定最佳年代。」《夏商周斷代工程研究 1996-2000年階段成果報告》選定武王克商之年，最有可能在公元前1027年、公元前1042年、或公元前1046年等三個年代，其中公元前1046年，是武王克商的首選之年。參見夏商周斷代工程專家組，《夏商周斷代工程 1996-2000年階段成果報告‧簡本》（北京：世界圖書出版公司北京公司，2000），頁38-49。

169 裴駰，《史記集解》引孔安國曰，參見《新校本史記三家注并附編二種》，卷四，〈周本紀第四〉，頁123。

170 《正義》引《括地志》，參見《新校本史記三家注并附編二種》，卷四，〈周本紀第四〉，頁123。

171 徐中舒，〈殷周之際史蹟之檢討〉，前引文，頁674。

對於西南地區更進一步的經營，參與伐紂的諸侯中，也包括武王觀兵於盟津，不期而會的八百諸侯，此皆說明武王得到廣大諸侯支持的事實。武王於牧野誓師，重申紂王的罪行，則說明其討伐紂王的正當性。

其五，記載武王伐紂的經過：

> 帝紂聞武王來，亦發兵七十萬人距武王。武王使師尚父與百夫致師，以大卒馳帝紂師。紂師雖眾，皆無戰之心，心欲武王亟入。紂師皆倒兵以戰，以開武王。武王馳之，紂兵皆崩畔紂。紂走，反入登于鹿臺之上，蒙衣其殊玉，自燔于火而死。武王持大白旗以麾諸侯，諸侯畢拜武王，武王乃揖諸侯，諸侯畢從。武王至商國，商國百姓咸待於郊。於是武王使群臣告語商百姓曰：「上天降休！」商人皆再拜稽首，武王亦答拜。遂入，至紂死所。……武王已乃出復軍。[172]

武王早已經作好萬全的準備，見時機已至，即討伐紂王，牧野一戰的勝利，自然垂手可得。關於牧野一戰的真實情況，文獻記載不一，《孟子‧盡心下》反駁《尚書‧武成》形容牧野之戰「血流浮杵」的說法，而認為：

> 盡信書，則不如無書，吾於〈武成〉，取二三策而已矣。仁

172　《史記》，卷四，〈周本紀第四〉，頁 124-125。

人無敵於天下，以至仁伐至不仁，而何其之流杵也。[173]

王充留意《尚書》與《孟子》兩書截然不同的記載，持中論之：「而云取殷易，兵不血刃，美武王之德，增益其實也」，「若孟子之言，近不血刃，浮杵過其實，不血刃亦失其正。」[174]顧炎武也主張：「然則論紂之亡，武之興，而謂以至仁伐至不仁者，偏辭也，未得爲窮源之論也。」[175]周武王採取武力取得天下，是無庸置疑的，然而，〈周本紀〉裡強調戰爭能在一日之內迅速地結束，實與殷商軍隊陣前倒戈、無心作戰有著密切的關係，而周武王確實得到眾多諸侯的支持，且商人也樂見於周武王的到來。由此可知，司馬遷認爲牧野之戰是爲百姓而戰，也是一場得民心的戰爭，因此以王道思想的標準來撰寫牧野之戰，戰爭中的殘酷場面是可以略而不提的。

〈周本紀〉接著記載武王開國之後的事蹟。首先，〈周本紀〉記載武王克商之後，尹佚告誡武王：「殷之末孫季紂，殄廢先王明德，侮蔑神祇不祀，昏暴商邑百姓，其章顯聞于天皇上帝。」武王回答：「膺更大命，革殷，受天明命。」[176]本段說明紂王不能遵守先王之德，不行祭祀，不愛護百姓，因而滅亡；武王既受天命革殷，自然應善盡爲君之道，施行仁政。

173　《孟子》，卷十四，〈盡心章句下〉，頁 565。

174　王充，《論衡》，〈語增篇〉（《諸子集成》（七），北京：中華書局，1996），頁 75。

175　顧炎武，《日知錄集釋》，卷二，〈殷紂之所以亡〉，（上海：上海古籍出版社，2006），頁 82。

176　《史記》，卷四，〈周本紀第四〉，頁 126。

其次，〈周本紀〉記載武王採取分封的方式，以建立周朝的政權：「封商紂子祿父殷之餘民……餘各以次受封。」[177]錢穆認為西周的東進與封建：「乃是一種侵略性的武裝移民，與軍事佔領。」[178]〈周本紀〉裡並沒有特別強調武王採取分封的軍事意義，但長遠觀之，的確如錢氏所言。武王分封的對象包括：紂子祿父、古聖先王、功臣、同姓等為諸侯，但值得留意的是，武王對於古聖先王之後的分封，說明了武王肯定有功於民的聖王，此舉除了具備號召民心的作用之外，也意味著武王也十分清楚成為明君的基本條件。

最後，〈周本紀〉分別記載武王與周公旦、箕子的對話，以及武王傳位成王之事。從武王與周公的對話內容，可以看出武王的治國理念：

> 武王徵九牧之君，登豳之阜，以望商邑。武王至于周，自夜不寐。周公旦即王所，曰：「曷為不寐？」王曰：「告女：維天不饗殷，自發未生於今六十年，麋鹿在牧，蜚鴻滿野。天不享殷，乃今有成。維天建殷，其登名民三百六十夫，不顯亦不賓滅，以至今。我未定天保，何暇寐！」王曰：「定天保，依天室，悉求夫惡，貶從殷王受。日夜勞來定我西土，我維顯服，及德方明。自洛汭延于伊汭，居易毋固，其有夏之居。我南望三塗，北望嶽鄙，顧詹有河，粵詹雒、伊，毋遠天室。」營周居于雒邑而後去。縱馬於華山之陽，放牛於

---

177 《史記》，卷四，〈周本紀第四〉，頁126-127。

178 錢穆，《國史大綱》（上），（台北：台灣商務印書館，1991），頁30。

桃林之虛；偃干戈，振兵釋旅：示天下不復用也。[179]

武王召見九州之牧，說明他對地方政治的關注；武王向周公表明其「自夜不寐」，是因為思考殷商滅亡的原因，商朝「其登名民三百六十夫」，說明殷商曾任用賢能之士，而能維持政權一時不亡；武王為了確保周朝的國運，提醒自己明辨惡人，並規劃營建雒邑。「縱馬於華山之陽……示天下不復用也」，則說明武王伐紂是解民倒懸的戰爭，商紂既滅，已無需再用兵。本段說明武王雖以武力得天下，但仍心繫百姓、明辨善惡，堪稱有治國之才。

武王向箕子請教殷商滅亡的原因，箕子身為殷商故臣，「不忍言殷惡，以存亡國宜告。」[180]箕子合宜地表現出人臣之道，也為武王講述國家存亡之理。司馬遷於〈周本紀〉中，呈現出武王在開國之後勤勉政事，其分封立國、營建東都、關心百姓、明辨忠奸、偃兵息甲等作為，以及不斷地思索殷商滅亡的原因，皆是仁君形象的表現。

綜觀〈周本紀〉記載周人興起的過程，全篇以相當多的篇幅記載西伯以前的事，唐人劉知幾認為司馬遷應「別作周、秦世家」：

案姬自后稷至於西伯，嬴自伯翳至於莊襄，爵乃諸侯，而名隸本紀。若以西伯、莊襄以上，別作周、秦世家，持殷紂以對武王，拔秦始以承周赧，使帝王傳授，昭然有別，豈不善

179 《史記》，卷四，〈周本紀第四〉，頁 128-129。
180 《史記》，卷四，〈周本紀第四〉，頁 131。

乎？必以西伯以前，其事簡約，別加一目，不足成篇。[181]

劉氏主張，西伯以前的事，應像〈秦本紀〉另立一篇，但也指出，西伯以前的周族歷史簡約，尚不足自成一篇。然而，清人牛運震則認為：

> 周代年久事繁，舊古文多有，故本紀不得不詳。篇首自后稷以迄成、康，敘周家世德興王，皆約《詩》、《書》之旨，融會成文，而質古篤厚，則太史公獨出手法也。[182]

上述「周家世德興王」六字，已說明司馬遷在〈周本紀〉中記載后稷至西伯時期，歷史發展之深意，〈周本紀〉以此說明周族興起，並建立周朝的原因。趙生群認為：「周朝應運興起，並不始於武王。同理，殷之興，也不自成湯始。這就是作者考察『王迹所興』而得出的結論。〈殷本紀〉說紂王淫逸暴虐，西伯修德行善，『諸侯多叛紂而往歸西伯。西伯滋大，紂由是稍失權重』，可以用來說明殷、周得失的緊密聯繫。無論是從原始察終、反映王朝興亡全過程的需要出發，還是從三代興衰相糾結這一事實來看，〈周本紀〉載后稷至姬昌事蹟，都是出於作者的精心安排。」[183]

---

181 劉知幾，《史通釋評》，卷二，〈內篇〉（台北：華世出版社，1975）頁36。

182 （清）牛運震；崔凡芝校釋，《空山堂史記評註校釋：附史記糾謬》，卷一，前引書，頁27。

183 趙生群，《《史記》編纂學導論》（北京：鳳凰出版社，2006），頁43-44。

　　司馬遷將西伯之前的周族奮鬥史，與西周建立朝代以後的興衰史，同置於〈周本紀〉之中，如此安排較能彰顯周族興起的努力與立國的精神。[184]若依照劉知幾的見解，將西伯以前之大事另立一篇，將失去〈周本紀〉的完整性，上述牛氏、趙氏之分析，比較能夠體現司馬遷「稽其成敗興壞之理」的用意。誠如《孟子》云：「天下歸殷久矣，久則難變也」，「然而文王猶方百里起，是以難也。」[185]〈周本紀〉可謂呈現出周人長期奮鬥的發展過程，〈周本紀〉記載周人始祖后稷至西伯時期的歷史，強調公劉、古公亶父、季歷與西伯，皆能遵后稷之業，重視百姓並發展農業，逐漸地向外擴展，壯大周族的勢力。周的建立，非一朝一夕、或由一人之力所為，周族歷經數代的修德行仁，遇上紂王虐政、殷商衰微之時，才有武王建立周朝的機會。

184　至於《史記》對秦國的記載則分述於〈秦本紀〉與〈秦始皇本紀〉之中，《史記》對於東周時代列國大事已分篇詳述，秦國的歷史發展也應獨立一篇；至於將秦國置於「本紀」之中，則更能突顯秦的崛起，而後有始皇之一統天下，故將〈秦本紀〉與〈秦始皇本紀〉分置於前、後兩篇。

185　《孟子》，卷三，〈公孫丑章句上〉，頁104-105：「曰：『文王何可當也？由湯至於武丁，賢聖之君六七作，天下歸殷久矣；久則難變也。武丁朝諸侯，有天下，猶運之掌也。紂之去武丁未久也，其故家遺俗，流風善政，猶有存者；又有微子、微仲，王子、比干，箕子、膠鬲，皆賢人也，相與輔相之，故久而後失之也。尺地，莫非其有也，一民莫非其臣也。然而文王猶方百里起，是以難也。』」

結語

　　司馬遷在〈夏本紀〉、〈殷本紀〉、〈周本紀〉三篇中記述三代之興，詳略有所不同，此與時代愈近史料愈多有關。〈夏本紀〉始自啓；〈殷本紀〉始自殷人始祖契，至湯行德而興；〈周本紀〉始自周人始祖弃，公劉、古公亶父、季歷、文王累世積德，至武王而興。司馬遷的記述標準是相同的，也就是記其有功於民、與任用賢人輔佐治國之德，夏禹、商契、周弃三代始祖皆因有德而興，更具體地說，是對百姓有貢獻。夏禹治水救民，商契教化百姓，周弃教民農事，皆對百姓有具體的貢獻，因此其後繼者能承襲其德而創建朝代。夏啓承襲大禹之德，得到大多數氏族的認同，開始家天下之局；湯積德行善，代夏而有天下；周弃之後公劉、古公亶父、季歷、西伯昌皆能效法先人，修德行善，百姓歸附，歷經數代而興，代商而有天下。從司馬遷撰寫夏、商、周三代歷史的興起，可以明顯地看出司馬遷在面對不同記載的史料時，選擇以王道的思想來撰寫這些開創新局的君主，彰顯出唯有符合王道精神的施政，方能使民心歸附，部族興盛。

第四章　夏商周三代之盛衰與滅亡

一、夏代的盛衰與滅亡

（一）夏代的盛衰

　　司馬遷在〈夏本紀〉裡對於夏代的盛衰，僅以三段文字記載啓之後至夏桀即位前的事蹟，第一段，記載太康失國：

> 夏后帝啓崩，子帝太康立。帝太康失國，昆弟五人，須于洛汭，作〈五子之歌〉。[1]

〈夏本紀〉裡沒有說明太康失國的原因，王玉哲見《史記集解》引孔安國曰：「盤于遊田，不恤民事，爲羿所逐，不得反國」，[2]而認爲孔安國之說並不合理：「夏初，游牧經濟一定尙處於重要地位。

1　《史記》，卷二，〈夏本紀第二〉，頁85。

2　裴駰，《史記集解》引孔安國曰，參見《新校本史記三家注并附編二種》，卷二，〈夏本紀第二〉，頁85。

這從後來殷代卜辭中卜獵之多，可以想見在商以前的夏初，游牧、田獵在社會經濟中的比重一定更大。所以，田獵是當時正當的生產活動，不會構成失國的原因。」[3]王氏推論合理，田獵活動符合夏代的生活方式，但他並沒有解釋關於太康失國的原因。王氏著重於分析孔安國所云「盤于遊田」一句，而忽略「不恤民事」才是司馬遷強調的重點。太康適度從事田獵活動並不致於失國，但若是太康過度愛好田獵，已經到了不顧百姓生活的程度，便能合理解釋太康失國的原因。

第二段，記載中康時期：

> 太康崩，弟中康立，是為帝中康。帝中康時，羲、和湎淫，廢時亂日。胤往征之，作〈胤征〉。[4]

上段引文顯示，中康時期，羲、和荒廢掌管天地四時之職，導致時日失序，胤奉命征伐羲、和。司馬遷特別記載太康與中康兩代荒廢國事，強調當在上位者未能善盡為君之道，不以民事為先，且不施行仁政，因而導致了夏朝政權的動盪。

第三段，記載中康至帝厪的世系傳承，以及孔甲的事蹟：

> 中康崩，子帝相立。帝相崩，子帝少康立。帝少康崩，子帝予立。帝予崩，子帝槐立。帝槐崩，子帝芒立。帝芒崩，子

3　王玉哲，《中華遠古史》（上海：世紀出版集團，2000），頁146。

4　《史記》，卷二，〈夏本紀第二〉，頁85。

帝泄立。帝泄崩，子帝不降立。帝不降崩，弟帝扃立。帝扃崩，子帝厪立。帝厪崩，立帝不降之子孔甲，是為帝孔甲。帝孔甲立，好方鬼神，事淫亂。夏后氏德衰，諸侯畔之。天降龍二，有雌雄，孔甲不能食，未得豢龍氏。陶唐既衰，其後有劉累，學擾龍于豢龍氏，以事孔甲。孔甲賜之姓曰御龍氏，受豕韋之後。龍一雌死，以食夏后。夏后使求，懼而遷去。[5]

本段引文中，可分為二部分來探討：第一部分是，相至帝厪時期只見世系傳遞，未見其它大事。《左傳》記載魏絳之言，提到夏朝政權傳至相、少康之時，遭到后羿、寒浞的篡奪：

昔有夏之方衰也，后羿自鉏遷于窮石，因夏民以代夏政。恃其射也，不脩民事，而淫于原獸，棄武羅、伯因、熊髡、尨圉，而用寒浞。寒浞，伯明氏之讒子弟也，伯明后寒棄之，夷羿收之，信而使之，以為己相。浞行媚于內，而施賂于外，愚弄其民，而虞羿于田。樹之詐慝，以取其國家，外內咸服。羿猶不悛，將歸自田，家眾殺而亨之，以食其子，其子不忍食諸，死于窮門。靡奔有鬲氏。浞因羿室，生澆及豷，恃其讒慝詐偽，而不德于民，使澆用師，滅斟灌及斟尋氏，處澆于過，處豷于戈。靡自有鬲氏，收二國之燼，以滅浞而立少康。少康滅澆于過，后杼滅豷于戈，有窮由是遂亡，失人故也。[6]

5　《史記》，卷二，〈夏本紀第二〉，頁86。
6　《左傳》，〈襄公四年〉，頁936-938。

《左傳》詳載「太康失國」之事，后羿奪取太康的王位，卻不用賢能之士，其重用寒浞，最後為寒浞所殺，並取而代之。少康殺寒浞之子，滅有窮氏，重新取回夏朝的政權。錢穆認為，從太康到少康的傳說，是夏人勢力逐步東伸，向東擴展的過程中所遭受到的挫折。[7]朱雲影反駁崔適、康有為懷疑「少康中興」一事，認為「少康中興」的故事：「正反映了當時王權如斷如續的發展」。[8]王玉哲指出，從少康中興的故事中，「我們窺見夏代的原始公社制雖然正處在逐漸崩潰之中，但還保留著原始氏族社會基本的民主權利，其社會性質還應劃入原始社會。」[9]上述的說法，比較符合夏朝的發展過程。

　　司馬遷沒有在〈夏本紀〉中詳述少康之事，而在〈吳太伯世家〉中，藉由伍子胥諫吳王夫差之言，提及少康中興夏朝：

> 伍子胥諫曰：「昔有過氏殺斟灌以伐斟尋，滅夏后帝相。帝相之妃后緡方娠，逃於有仍而生少康。少康為有仍牧正。有過又欲殺少康，少康奔有虞。有虞思夏德，於是妻之以二女而邑之於綸，有田一成，有眾一旅。後遂收夏眾，撫其官職。使人誘之，遂滅有過氏，復禹之績，祀夏配天，不失舊物。……」[10]

7　錢穆，《國史大綱》（上），前引書，頁 12-13。

8　朱雲影，《中國上古史》，（國立台灣師範大學歷史系講義，七十八學年度），頁 125。

9　王玉哲，《中華遠古史》，前引書，頁 148。

10　《史記》，卷三十一，〈吳太伯世家第一〉，頁 1470。

關於〈夏本紀〉僅略述夏王世系的問題，後人主張此為司馬遷之疏略，司馬貞云：「然則帝相自被篡殺，中間經羿、浞二氏，蓋三數十年。而此紀總不言之，直云帝相崩。子少康立，疏略之甚。」[11]
張守節云：「帝相被篡，歷羿浞二世，四十年，而此紀不說，亦馬遷所為疏略也。」[12]清人高燮《吹萬樓文集》、[13]韓兆琦《史記箋證》，[14]皆認同〈夏本紀〉沒有詳載少康之事，為司馬遷撰寫《史記》之疏略。

　　清人吳見思則認為，司馬遷不書少康之事，乃〈夏本紀〉文法的特色，〈夏本紀〉旨在記述禹之德，因而不詳記少康之事。[15]此

11　司馬貞，《史記索隱》，參見《新校本史記三家注并附編二種》，卷二，〈夏本紀第二〉，頁86。

12　張守節，《史記正義》，參見《新校本史記三家注并附編二種》，卷二，〈夏本紀第二〉，頁87。

13　（清）高燮認為：「夫少康之事例當載而不載，孔甲之事不必載而載之，此子長之疏也。」參見氏著，《吹萬樓文集》，卷二，〈書史記夏本紀後〉，收入楊燕起、陳可青、賴長揚滙輯《史記研究集成》第六卷「史記集評」，（北京：華文出版社，2005），頁279。

14　韓兆琦主張：「至於夏朝歷代的風雲演變，其詳情大都被無情的時光所掩埋，這使得司馬遷不得不作粗線條的勾勒。他下筆十分謹慎，所排列的帝王世系基本上是可靠的。『少康中興』的歷史後世流傳甚廣，大概因最早提及該事的《左傳》前後所記並不統一，故太史公未在本篇加以敘述，僅在〈吳世家〉中借伍子胥之口言之。也許是史公的一種疏漏。」參見氏著，《史記箋證》（南昌：江西人民出版社，2005），頁125。

15　（清）吳見思云：「此紀全述禹之明德，故禹貢、皋謨、益稷、羅列於篇。首既重矣，故後只借〈甘誓〉一篇襯貼。自太康以後，一頓點次即完，局勢然也。故即少康、后羿之事，亦不及詳序。在文論文，法不得不如此是

說固然不錯，然而，卻忽略司馬遷欲「稽其成敗興壞之理」的本意。
清人李景星對此有較詳盡的分析：

> 蓋夏之有天下也，以禹之功德，故不能不獨詳也。繼引《孟
> 子》，以敘傳啟事；引〈甘誓〉以證啟賢事。易傳賢為傳子，
> 本是古今一大變局，故亦特著焉。〈五子之歌〉，夏之始衰
> 也。胤征雖少能自振，然於事實上終無補救，故僅用虛敘。
> 自此以後，只點明世次而已。即少康、后羿等事，為後人所
> 樂道者，此亦不暇多述。緣夏之天下，至是已不可為。論事
> 論文法，不得不如此也。若不論輕重，一概臚列，或以中興
> 字樣為一代鋪張體面，是後世史家所謂嚴密，而非太史公之
> 書矣。*16*

李氏認為，太康失國，象徵「夏之始衰也」，後人雖稱道少康，然
夏朝的衰勢，已不可為。其論符合司馬遷書寫〈夏本紀〉的精神，
也比較能夠點明司馬遷所欲彰顯之夏代歷史發展的盛衰關鍵。少康
雖重新取得政權，但是僅止於取得政權而已，少康至孔甲時期的夏
王們，雖然繼續保有政權，卻不能對百姓有所貢獻，以致不能振興
夏朝。由此可見，司馬遷縱觀夏朝歷史的發展，已經清楚地看到，
少康以後的夏朝，早已經走向衰亡之勢，為避免模糊焦點，故選擇

　　也。若不論輕重，不論堆垛，一概排列，乃甲乙帳，而非史公之書矣。」
　　參見氏著，《史記論文》，（上海：上海古籍出版社，2008），頁12。
16　（清）李景星，《史記評議》，（上海：上海古籍出版社，2008），頁92。

在〈吳太伯世家〉中，藉伍子胥之口來說明少康之事。夏初政權的動盪，來自於王朝建立之初，王權尚未穩固，夏王如果沒有具備過去氏族領袖有功於民的仁德，很容易遭受來自其它部族領袖的挑戰，此乃司馬遷於〈夏本紀〉之中，選擇對少康一事略而不提的重要原因。

　　第二部分是，孔甲好鬼神的淫亂之行。司馬遷對此著墨較多，孔甲下令劉累豢養二龍的傳說，出自《左傳》昭公二十九年的蔡墨之言。[17]司馬遷以此說明孔甲浮誇、不務治民的事實，並以此說明夏后氏之德已衰，以致諸侯叛離的現象。值得注意的是，司馬遷於〈夏本紀〉中，兩次強調夏代之衰，始自孔甲時期。第一次是在孔甲即位：「夏后氏德衰，諸侯畔之」；第二次則是在記述帝桀之前：「自孔甲以來而諸侯多畔夏」。[18]由此可見，司馬遷觀察夏史發展的盛衰，認為孔甲是夏代走向衰亡的重要時期，孔甲之後再傳三世至履癸而滅亡。

　　綜上所述，司馬遷在撰寫夏史盛衰的發展過程中，並沒有特別記載太康失國、少康中興等事，而選擇在〈吳太伯世家〉之中提及，由此，更可以看出司馬遷見盛觀衰的撰寫標準，傾向於當所發生的

17　《左傳》，〈昭公二十九年〉，頁1500-1501：「昔有飂叔安，有裔子曰董父，實甚好龍，能求其耆欲以飲食之，龍多歸之，乃擾畜龍，以服事帝舜，帝賜之姓曰董，氏曰豢龍，封諸鬷川，鬷夷氏其後也。故帝舜氏世有畜龍。及有夏孔甲，擾于有帝，帝賜之乘龍，河、漢各二，各有雌雄。孔甲不能食，而未獲豢龍氏。有陶唐氏既衰，其後有劉累，學擾龍于豢龍氏，以事孔甲，能飲食之。夏后嘉之，賜氏曰御龍，以更豕韋之後。龍一雌死，潛醢以食夏后。夏后饗之，懼而遷于魯縣，范氏其後也。」

18　《史記》，卷二，〈夏本紀第二〉，頁88。

歷史事件與在上位者是否施行仁政並無明顯影響時,是可以選擇略而不提的。司馬遷於〈夏本紀〉中,只記載自相至厪九世、以及皋、發二世的世系傳承,一方面是史料有限,一方面是因為這些時期並沒有明顯影響夏史盛衰的重要事情,也因此,司馬遷在〈夏本紀〉裡所記載的夏代事蹟較少。司馬遷撰寫歷史,尤其重視能呈現朝代盛衰之變的發展,因而,在〈夏本紀〉中特別強調孔甲是夏代由盛轉衰的關鍵時期,孔甲的淫亂失德,與造成諸侯叛離的具體事實,是司馬遷觀察到夏朝歷史已走向衰亡的重要指標。

(二)夏桀不務德傷民而亡

司馬遷在〈夏本紀〉裡描述夏朝的滅亡:

> 帝桀之時,自孔甲以來而諸侯多畔夏,桀不務德而武傷百姓,百姓弗堪。迺召湯而囚之夏臺,已而釋之。湯修德,諸侯皆歸湯,湯遂率兵以伐夏桀。桀走鳴條,遂放而死。桀謂人曰:「吾悔不遂殺湯於夏臺,使至此。」湯乃踐天子位,代夏朝天下。湯封夏之後,至周封於杞也。[19]

從上述引文可知,夏桀即位之初,已經出現滅亡的徵兆:第一,自孔甲以來,諸侯叛夏的問題並未改善,這已經說明了夏王的施政,無法得到百姓與諸侯的認同。司馬遷在〈夏本紀〉裡並沒有指出哪些諸侯叛夏,《左傳‧昭公四年》的記載則提供了線索:「夏桀為

---

19 《史記》,卷二,〈夏本紀第二〉,頁88。

仍之會，有緡叛之。」[20]有緡是少康母后之國，理應是與夏朝親近之國，然而，有緡叛離，反映出夏朝諸侯的離心。《左傳・昭公十一年》稱：「桀克有緡，以喪其國。」[21]由此可見，夏桀因攻打有緡而耗盡國力，諸侯背叛夏朝的結果，是造成國家覆亡的原因之一。

第二，桀不修德，用武力傷害百姓。司馬遷在〈夏本紀〉裡並沒有具體說明夏桀對百姓的暴行，但在〈殷本紀〉中記載湯伐桀之事，已說明桀不行仁政的作為。〈殷本紀〉引用〈湯誓〉，誓師之詞中，引述夏朝百姓發出寧可與桀同歸於盡的怒吼，作為商湯率眾討伐夏桀的理由，可見桀對百姓施行暴政，違反在上位者應盡的君道，給予商湯取而代之的機會。

除了上述〈夏本紀〉提及夏桀時期所面臨內憂與外患的困境之外，司馬遷在《史記・外戚世家》裡還闡述了另外一個夏桀滅亡的原因：

> 自古受命帝王及繼體守文之君，非獨內德茂也，蓋亦有外戚之助焉。夏之興也以塗山，而桀以之放也以末喜。殷之興也以有娀，紂殺也嬖妲己。周之興也以姜原及大任，而幽王之禽也淫於褒姒。[22]

上述引文將末喜、妲己、褒姒三人，視為夏、商、周三代滅亡的重

20　《左傳》，〈昭公四年〉，頁1252。

21　《左傳》，〈昭公十一年〉，頁1323。

22　《史記》，卷四十九，〈外戚世家第十九〉，頁1967。

要原因之一。梁玉繩《史記志疑》一書，「夏桀不務德而武傷百姓」
條批評：「案，桀之無道多矣，而實以末喜亡，《紀》中，不及，
疏矣。」[23]梁氏認為〈夏本紀〉裡沒有提到「末喜」，不足以說明
夏桀無道的原因。《國語‧晉語》記載史蘇云：「昔夏桀伐有施，
有施人以妹喜女焉。妹喜有寵，於是乎與伊尹比而亡夏。」[24]然而
末（妹）喜受寵，是否造成夏桀亡國的主因，在史料中並沒有清楚
的交待，因此，司馬遷選擇於〈外戚世家〉中記載末喜之事，但卻
不載於〈夏本紀〉之中。

　　此外，《國語‧周語上》也提出造成夏朝滅亡的另一個可能是：
「昔伊洛竭而夏亡。」[25]自然環境的變化，極有可能是造成夏朝政
權失去賴以維生的經濟條件，進而加速其滅亡的原因，但是司馬遷
在〈夏本紀〉中，顯然沒有特別採用「伊洛竭而夏亡」作為夏桀滅
亡的主要原因，而著重於記載夏王是否合乎仁君的作為。

　　綜上所述，司馬遷於〈夏本紀〉中，撰寫夏朝覆滅的原因十分
簡略，而先秦文獻記載夏朝覆亡的原因，至少有以下四項因素：一、
諸侯叛夏；二、夏桀傷民；三、女禍末喜；四、自然災變。司馬遷
選擇了諸侯叛夏、夏桀傷民等兩項因素，作為撰寫夏朝覆亡的主
因。從司馬遷撰寫夏朝衰亡的過程，可知其以孔、孟王道思想強調
王者應行仁政的標準，作為觀察朝代覆滅的重要依據。

23　（清）梁玉繩，《史記志疑》（一），卷二，（台北：新文豐出版公司，
　　1984），頁43。

24　《國語》，卷第七，〈晉語一〉，頁184。

25　《國語》，卷第一，〈周語上〉，頁23。

表二：夏代世系表（根據《史記・夏本紀》）

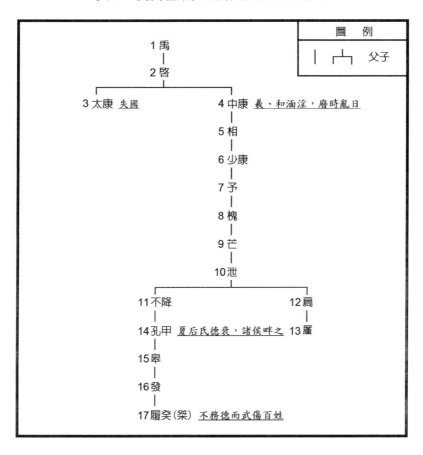

二、商代的盛衰與滅亡

（一）商代的五盛五衰

〈殷本紀〉記載殷商歷史的發展：商湯盛，雍己衰；太戊盛，河亶甲衰；祖乙盛，陽甲衰；盤庚盛，小辛衰；武丁盛，祖甲衰，殷商五盛五衰的歷史變遷，尤其表現出「稽其成敗興壞之理」。明人凌稚隆指出：

> 曰殷道衰，曰殷復興，曰殷復衰，曰殷復興，曰殷衰，曰殷復興，曰殷復衰，曰殷復興，曰殷後衰，曰殷益衰，一篇關鍵，總在興衰二字上。[26]

清人吳見思也認為：

> 〈殷本紀〉，以「興衰」二字作眼目，中以五興五衰，一起一伏，經緯通篇。中則簡質明晰，收束淨盡，無瑕可指，亦是一篇好文字。[27]

〈殷本紀〉強調殷商歷史盛衰的撰寫方式，反映出司馬遷「見盛觀

---

[26] （明）凌稚隆輯校、李光縉增補，《史記評林》（天津：天津古籍出版社，1998），卷三，〈殷本紀〉，頁 5。

[27] （清）吳見思著、陸永品點校整理，《史記論文》（上海：上海古籍出版社，2008），頁 12。

衰」的撰寫目的，茲就殷商歷史盛衰的原因，分析如下：

1、商湯興，雍己衰

〈殷本紀〉用五段內容，記載湯至雍己的第一次盛衰，第一段記載湯的太子太丁未立而卒，湯傳太丁之弟太丙、中壬，其後伊尹再立太丁之子太甲。〈殷本記〉記載：「帝太甲元年，伊尹作〈伊訓〉，作〈肆命〉，作〈徂后〉。」[28]據《集解》引鄭玄曰：「〈肆命〉者，陳政教所當爲也。〈徂后〉者，言湯之法度也。」[29]本段雖記載湯之後的王位傳遞，卻也透露出伊尹在殷商開國之後，仍然位居要職，並遵循湯之法度，作爲輔佐新任商王的理念。

第二段至第四段記載伊尹輔佐太甲、沃丁的事蹟：

> 帝太甲既立三年，不明，暴虐，不遵湯法，亂德，於是伊尹放之於桐宮。三年，伊尹攝行政當國，以朝諸侯。
>
> 帝太甲居桐宮三年，悔過自責，反善，於是伊尹迺迎帝太甲而授之政。帝太甲修德，諸侯咸歸殷，百姓以寧。伊尹嘉之，迺作〈太甲訓〉三篇，襃帝太甲，稱太宗。
>
> 太宗崩，子沃丁立。帝沃丁之時，伊尹卒。既葬伊尹於亳，咎單遂訓伊尹事，作〈沃丁〉。[30]

由於太甲不遵湯法，而被伊尹流放，後來太甲改過向善，伊尹還政

28　《史記》，卷三，〈殷本紀第三〉，頁98。

29　裴駰，《史記集解》引鄭玄曰，參見《新校本史記三家注并附編二種》，卷三，〈殷本紀第三〉，頁99。

30　《史記》，卷三，〈殷本紀第三〉，頁99。

於太甲。關於伊尹與太甲的關係，先秦文獻記載不一，《孟子‧萬章上》稱：

> 太甲顛覆湯之典刑，伊尹放之於桐，三年，大甲悔過，自怨自艾，於桐處仁遷義，三年，以聽伊尹之訓己也，復歸于亳。[31]

《古本竹書紀年》則有不同的說法：

> 伊尹放大甲于桐，乃自立。
> 伊尹即位七年，大甲潛出自桐，殺伊尹。[32]

〈殷本紀〉大致承襲了《孟子》的說法，說明司馬遷肯定伊尹穩定殷商初年的政局，伊尹雖有廢立君主的權力，卻能謹守人臣之道，最後還政於太甲；同時也肯定太甲改過向善之後，以德治民，因而能重新振興殷商王朝。論者從殷墟卜辭所記載的伊尹是備受尊崇的情形，判斷《古本竹書紀年》之說應不可信。[33]

卜辭中的伊尹，受到隆重的祭祀，伊尹不僅「受到商王的祭祀，也受到商王『子家族』的祭祀」、「伊尹與上甲以前的先公先高祖一樣成為商王祭祀、求年、求雨的對象」、「伊尹與先王一起受到

31　《孟子》，卷九，〈萬章章句上〉，頁 383。
32　朱右曾輯錄，《汲冢紀年存真》，卷上，頁 16-17。
33　晁福林，《夏商西周的社會變遷》（北京：北京師範大學，1999），頁 87。

祭祀」、「伊尹單獨受到商王的祭祀」、「伊尹還享受到商王的袝
祭」、「說明伊尹的人格神，對商王朝有重要的影響」。[34]伊尹在
卜辭中受祭的特殊待遇，印證《呂氏春秋・慎大覽》云：「祖伊尹
世世享商」，[35]應是言之有據的。

　　從〈殷本紀〉與甲骨卜辭的記載可知，伊尹對殷商開國與初期
的政治發展，有著莫大的貢獻與影響。伊尹是殷商的開國功臣，他
曾經輔佐湯建立商朝、穩定開國初期的政局，同時也是一位歷經
湯、外丙、中壬、太甲、沃丁等五朝的老臣，更是一位曾經流放太
甲的重臣，由此可見，伊尹在殷商初期歷史上的影響力與重要性。
〈殷本紀〉裡也記載伊尹作〈咸有一德〉、〈伊訓〉、〈肆命〉、
〈徂后〉、〈太甲訓〉等篇，以告誡商王，可見伊尹深明帝王之道。
歷朝的開國元勳之中，能兼具治國長才者，伊尹堪稱中國歷史上的
第一人，因此，從〈殷本紀〉所描述的伊尹形象可知，《孟子》記
載伊尹「以堯舜之道說湯」的說法，應是可信的。

　　第五段記載太庚至帝雍己時期的王位傳承與發展概況：

> 沃丁崩，弟太庚立，是為帝太庚。帝太庚崩，子帝小甲立。
> 帝小甲崩，弟雍己立，是為帝雍己。殷道衰，諸侯或不至。[36]

自伊尹去世之後，〈殷本紀〉中只記載世系的傳遞，自沃丁至雍己

34　韓江蘇、江林昌，《〈殷本紀〉訂補與商史人物徵》（商代史・卷二，北
　　京：中國社會科學出版社，2010），頁 188-197。

35　《呂氏春秋》，卷第十五，〈慎大覽第三〉，頁 160。

36　《史記》，卷三，〈殷本紀第三〉，頁 99-100。

時期並無大事，且由於殷商的衰落，諸侯出現離心的狀況。

自湯至雍己一共傳了七世，此為殷商史的第一次盛衰。綜觀〈殷本紀〉記載殷商歷史的發展，伊尹是影響殷商歷史第一次盛衰的關鍵人物。從伊尹的作為可知，他是穩定殷商政權的重要人物，但隨著伊尹的去世，意味著商王失去賢能的輔佐，以致衰微。由是觀之，司馬遷在〈殷本紀〉裡強調在上位者能得賢臣輔弼，是政治發展興盛的重要因素，也是施行王道的必要條件。

2、太戊興，河亶甲衰

〈殷本紀〉記載殷商史的第二次盛衰，始自太戊：

> 帝雍己崩，弟太戊立，是為帝太戊。帝太戊立伊陟為相。亳有祥桑穀共生於朝，一暮大拱。帝太戊懼，問伊陟。伊陟曰：「臣聞妖不勝德，帝之政其有闕與？帝其修德。」太戊從之，而祥桑枯死而去。伊陟贊言于巫咸。巫咸治王家有成，作〈咸艾〉，作〈太戊〉。帝太戊贊伊陟于廟，言弗臣，伊陟讓，作〈原命〉。殷復興，諸侯歸之，故稱中宗。[37]

太戊即位，以伊陟為相，亳地祥桑穀共生的異象，令太戊感到恐懼，詢問伊陟的意見。伊陟勸諫太戊檢討施政得失，並且「修德」，太戊聽其諫言，於是祥桑枯死。太戊修德，諸侯歸附，重振殷商王朝，因而有「中宗」之稱。

中宗之子中丁、外壬、河亶甲等人相繼即位：

37　《史記》，卷三，〈殷本紀第三〉，頁100。

中宗崩，子帝中丁立。帝中丁遷于隞。河亶甲居相。祖乙遷
于邢。帝中丁崩，弟外壬立，是為帝外壬。〈仲丁〉書闕不
具。帝外壬崩，弟河亶甲立，是為帝河亶甲。河亶甲時，殷
復衰。[38]

關於中宗三子的記載，〈殷本紀〉裡只指出中丁遷隞、河亶甲居相，
遷都雖是大事，但年代久遠，且文獻闕如，已不復得知遷都之始末、
以及河亶甲時期殷商勢衰的原因。自中宗至河亶甲四世，是殷商史
的第二次盛衰，司馬遷在〈殷本紀〉中，強調太戊能復興殷商，與
其能聽從賢臣伊陟的勸諫、修德行仁有關，由此可見，明君賢臣對
於殷商政權的盛衰，確實扮演著重要的角色。

3、祖乙興，陽甲衰

〈殷本紀〉記載殷商歷史發展的第三次盛衰，始自帝祖乙：

河亶甲崩，子帝祖乙立。帝祖乙立，殷復興。巫賢任職。[39]

河亶甲之子，帝祖乙復興殷商，但在〈殷本紀〉裡，並未具體說明
帝祖乙與巫賢是如何振興商朝的事蹟，其它文獻也未見記載，其事
已不可考。司馬遷只是作事實的記錄，並未參與個人的思想或意見。

祖乙再傳祖辛、沃甲、祖丁、南庚、陽甲等人，至陽甲而「殷

38　《史記》，卷三，〈殷本紀第三〉，頁 100-101。
39　《史記》，卷三，〈殷本紀第三〉，頁 101。

衰」。*40*〈殷本紀〉稱：

> 自中丁以來，廢適而更立諸弟子，弟子或爭相代立，比九世亂，於是諸侯莫朝。*41*

引文指出，自中丁以來，商朝政權動盪的原因與王位繼承有關。從「表三：商代世系表」，可以清楚地看出商王世系的傳承是採取「父死子繼」或「兄終弟及」的情況，〈殷本紀〉所載商王世系的「比九世亂」之中，中丁、外壬是傳弟，河亶甲、祖乙是傳子，祖辛之後四世或傳兄之子、或傳弟之子。兄弟之子爭立為商王，帶來殷商政權內部的動盪，政權不穩定的情況，也直接造成國勢的衰弱。根據〈殷本紀〉，商王傳子或傳弟的原因，自王國維以下，學者意見不一，迄無定論。而〈殷本紀〉裡記載的第三次「殷衰」，與王位繼承之爭有著密切的關係。由此可知，帝祖乙復興商朝只是一時之事，帝祖乙未能解決自中丁以來，因繼承問題所造成的內部動亂，最終造成諸侯的離心，國勢也逐漸地衰弱。

4、盤庚興，小辛衰

殷商的第四次盛衰，始自盤庚：

> 帝陽甲崩，弟盤庚立，是為帝盤庚。帝盤庚之時，殷已都河北，盤庚渡河南，復居成湯之故居，迺五遷，無定處。殷民

40　《史記》，卷三，〈殷本紀第三〉，頁101。
41　仝上。

咨胥皆怨，不欲徙。盤庚乃告諭諸侯大臣曰：「昔高后成湯
與爾之先祖俱定天下，法則可修。舍而弗勉，何以成德！」
乃遂涉河南，治亳，行湯之政，然後百姓由寧，殷道復興。
諸侯來朝，以其遵成湯之德也。[42]

本段說明盤庚想遷都，而百姓不願再受遷徙之苦，盤庚以商湯之法
為號召，說服百姓遷都。盤庚因「行湯之政」，百姓得以安居，而
諸侯歸附的原因，主要是因為盤庚能「遵成湯之德」。司馬遷不厭
其煩地強調盤庚「行湯之政」、「遵成湯之德」，而能扭轉殷商政
權衰敗的局面，重新振興殷商王朝。如前所述，〈殷本紀〉裡強調
商湯的仁君形象，至盤庚時代，仍為歷代商王的典範。

　　《古本竹書紀年》記載：「自盤庚徙殷，至紂之滅，二百七十
三年，更不徙都。」[43]盤庚之前，商人經常遷徙，至盤庚遷殷之後，
商朝才不再遷都。[44]盤庚遷殷，是商朝歷史的大事，也是一個重要
的轉變時期，盤庚雖能振興殷商王朝，但再傳至帝小辛復衰，〈殷
本紀〉稱：「百姓思盤庚，迺作〈盤庚〉三篇。」[45]帝小辛再傳帝
小乙，也未能振興殷商王朝。

42　《史記》，卷三，〈殷本紀第三〉，頁102。
43　朱右曾輯錄，《汲冢紀年存真》，卷上，頁23。
44　盤庚遷殷之後，殷都有無再遷，〈殷本紀〉此處有再遷河南「治亳」，王
　　國維認為司馬遷誤用《尚書序》，考證未再遷，學界多從之。參見氏著，
　　〈古史新證〉，收入《王國維考古學文輯》，前引書，頁28-29。
45　《史記》，卷三，〈殷本紀第三〉，頁102。

5、武丁盛，祖甲衰

武丁是殷商史第五次盛衰的興盛之君，即位之初，欲振興殷商，覓得賢人輔佐：

> 帝小乙崩，子帝武丁立。帝武丁即位，思復興殷，而未得其佐。三年不言，政事決定於冢宰，以觀國風。武丁夜夢得聖人，名曰說。以夢所見視羣臣百吏，皆非也。於是迺使百工營求之野，得說於傅險中。是時說為胥靡，築於傅險。見於武丁，武丁曰是也。得而與之語，果聖人，舉以為相，殷國大治。故遂以傅險姓之，號曰傅說。
>
> 帝武丁祭成湯，明日，有飛雉登鼎耳而呴，武丁懼。祖己曰：「王勿憂，先修政事。」祖己乃訓王曰：「唯天監下典厥義，降年有永有不永，非天夭民，中絕其命。民有不若德，不聽罪，天既附命正厥德，乃曰其奈何。嗚呼！王嗣敬民，罔非天繼，常祀毋禮于棄道。」武丁修政行德，天下咸驩，殷道復興。**46**

司馬遷在〈殷本紀〉裡，以二段內容說明武丁的事蹟：第一段，記載武丁夜夢聖人的典故，本段說明，武丁有意振興殷商，急思賢人輔佐。武丁推舉夢中聖人傅說為相，達到「殷國大治」的目的。第二段，藉由「飛雉登鼎耳而呴」一事，祖己建議「先修政事」，並訓王：「王嗣敬民，罔非天繼，常祀毋禮于棄道」，武丁聽從勸諫，

---

46 《史記》，卷三，〈殷本紀第三〉，頁102-103。

「修政行德」，而能復興殷商王朝。因此，祖己「嘉武丁之以祥雉爲德，立其廟爲高宗，遂作〈高宗肜日〉及〈訓〉。」[47]司馬遷在〈殷本紀〉中對於武丁的記載，再次強調明君賢臣、重視百姓、施行德政等，皆是穩定政權的重要條件，武丁的作爲，正是符合王道思想的基本精神，因而振興了殷商王朝。

武丁之後，再傳祖庚、祖甲，〈殷本紀〉稱：「帝甲淫亂，殷復衰。」[48]殷商自此陷入衰微之勢而不再復興，此爲〈殷本紀〉裡所記載殷商史的第五次衰亡之始。帝甲之後，再傳帝廩辛、庚丁、武乙，皆未能重振殷商王朝。司馬遷在〈殷本紀〉裡記載了武乙的對天神的挑戰：

> 帝武乙無道，為偶人，謂之天神。與之博，令人為行。天神不勝，乃僇辱之。為革囊，盛血，卬而射之，命曰「射天」。武乙獵河渭之閒，暴雷，武乙震死。子帝太丁立。帝太丁崩，子帝乙立。帝乙立，殷益衰。[49]

上述引文指出，武乙「無道」，其不敬天之舉，終爲暴雷震死。再傳太丁、帝乙，〈殷本紀〉稱：「殷益衰」，至此，殷商王朝不再興盛，傳至帝辛（紂），而爲周武王所滅。

---

47 《史記》，卷三，〈殷本紀第三〉，頁104。
48 仝上。
49 仝上。

　　殷商是一個十分重視鬼神的民族，司馬遷並未著墨於此，反而從商王本身是否施行仁政、用人、民心向背、諸侯歸叛等實際的政治發展，來檢視殷商王朝的盛衰演變。司馬遷在〈殷本紀〉裡強調維繫殷商歷史盛衰的關鍵，在於商王是否遵循「商湯之德」，商湯仁心愛民之舉，樹立了商王德行的典範，後世商王是否能遵循商湯之德，決定朝代治亂盛衰的因素。因此，殷商的盛世之君多法湯之德，而衰世之君多不遵行湯之法。值得注意的是，殷商盛世之君，也多能任用賢能，湯任用伊尹為相，其後中壬、太甲、沃丁繼用伊尹，雖有太甲暴虐之事，終能撥亂反正，穩定殷商初年的政局。因此，司馬遷在〈殷本紀〉裡除了強調殷商一朝的盛衰之外，盛世之君也必有賢能的輔佐，如湯、太甲任用伊尹、太戊任用伊陟、祖己任用巫賢、武丁任用傅說、祖己。明君、賢臣是振興商朝的重要關鍵，正如孟子所主張：「貴德而尊士，賢者在位，能者在職」，王者與天下賢能共治天下，方能臻於仁政的境界。〈殷本紀〉反映出影響殷商五盛五衰的關鍵，在於商王是否遵循商湯之德，以及任用賢能，此皆施行王道的重要條件，由此可見，司馬遷將商王是否施行仁政作為撰寫殷商歷史的重要標準。

（二）商紂失德暴虐百姓而亡

　　〈殷本紀〉裡關於紂王的事蹟有五段記載，其一：

> 帝紂資辨捷疾，聞見甚敏；材力過人，手格猛獸；知足以距諫，言足以飾非；矜人臣以能，高天下以聲，以為皆出己之下。好酒淫樂，嬖於婦人。愛妲己，妲己之言是從。於是使

師涓作新淫聲，北里之舞，靡靡之樂。厚賦稅以實鹿臺之錢，而盈鉅橋之粟。益收狗馬奇物，充仞宮室。益廣沙丘苑臺，多取野獸蜚鳥置其中。慢於鬼神。大冣樂戲於沙丘，以酒為池，縣肉為林，使男女倮相逐其間，為長夜之飲。[50]

〈殷本紀〉記載紂王是一位聰明的人，但也具體地指出紂王作為人君的缺點：好酒淫樂、嬖於婦人、加重賦稅、聚斂好物、不敬鬼神。

其二，紂王的施政概況：

百姓怨望而諸侯有畔者，於是紂乃重刑辟，有炮格之法。以西伯昌、九侯、鄂侯為三公。九侯有好女，入之紂。九侯之女不憙淫，紂怒，殺之，而醢九侯。鄂侯爭之彊，辨之疾，并脯鄂侯。西伯昌聞之，竊嘆。崇侯虎知之，以告紂，紂囚西伯羑里。西伯之臣閎夭之徒，求美女奇物善馬以獻紂，紂乃赦西伯。西伯出而獻洛西之地，以請除炮格之刑。紂乃許之，賜弓矢斧鉞，使得征伐，為西伯。而用費中為政。費中善諛，好利，殷人弗親。紂又用惡來。惡來善毀讒，諸侯以此益疏。[51]

上述引文指出，紂王面臨內政與外交的問題，卻採取重刑辟的方法作為解決之道。九侯之女不願配合紂王過度的行為，連累九侯遭受

50　《史記》，卷三，〈殷本紀第三〉，頁105。

51　《史記》，卷三，〈殷本紀第三〉，頁106。

醢刑；鄂侯為九侯爭辯，也遭受脯刑；西伯聞之嘆息，而被囚禁。
紂王雖任用九侯、鄂侯、西伯等人為三公，卻不能聽取諫言，汰換
三公，改用善諛的費中。關於閎夭等人營救西伯、西伯獻洛西請除
炮格之刑，並取得征伐權等事，已於第三章第三節分析〈周本紀〉
中詳論西伯之德，於此處不再贅述。司馬遷在〈殷本紀〉裡記載商
紂王的實際作為中，不厭其煩地重述西伯之德，一則反映出商紂王
之獨斷獨行，其不重用諫臣，而用善諛之臣費中，導致諸侯對殷商
王室更加疏離。二則再次彰顯出商紂王之重刑用奸，並非王道思想
中的理想仁君，反觀西伯，則是一位愛護百姓的仁君，其作為符合
王道思想的精神。

　　其三，諸侯歸附西伯，周族勢力興起：

> 西伯歸，乃陰修德行善，諸侯多叛紂而往歸西伯。西伯滋大，
> 紂由是稍失權重。王子比干諫，弗聽。商容賢者，百姓愛之，
> 紂廢之。及西伯伐飢國，滅之，紂之臣祖伊聞之而咎周，恐，
> 奔告紂曰：「天既訖我殷命，假人元龜，無敢知吉，非先王
> 不相我後人，維王淫虐用自絕，故天弃我，不有安食，不虞
> 知天性，不迪率典。今我民罔不欲喪，曰『天曷不降威，大
> 命胡不至』？今王其奈何？」紂曰：「我生不有命在天乎！」
> 祖伊反，曰：「紂不可諫矣。」西伯既卒，周武王之東伐，
> 至盟津，諸侯叛殷會周者八百。諸侯皆曰：「紂可伐矣。」
> 武王曰：「爾未知天命。」乃復歸。*52*

52　《史記》，卷三，〈殷本紀第三〉，頁107-108。

西伯「修德行善」，諸侯歸順之，於是西伯的勢力逐漸壯大。然而，紂王不用比干、商容等賢人，甚至卻對於西伯的崛起視若無睹，並不在意祖伊的諫言。「我生不有命在天乎」一句，呈現出商紂王狂妄自大的性格。商紂王不能廣納諫言，以致錯估形勢，給予周人發展的機會。周武王繼承西伯未竟之志，率兵至盟津，前來會合的諸侯，號稱八百之多，可見周武王之得人心，反觀殷商王室諸侯離心的現象，已經十分地嚴重。本段內容，再次強調西伯仁德與紂王失德的對比，並從諸侯歸附與離心的現象，說明殷、周勢力的消長，與在上位者能否施行仁政有著十分密切的關係。

　　其四，紂王的賢臣離去，武王以此判斷伐紂的時機已至：

> 紂愈淫亂不止。微子數諫不聽，乃與大師、少師謀，遂去。比干曰：「為人臣者，不得不以死爭。」迺強諫紂。紂怒曰：「吾聞聖人心有七竅。」剖比干，觀其心。箕子懼，乃詳狂為奴，紂又囚之。殷之大師、少師乃持其祭樂器奔周。周武王於是遂率諸侯伐紂。紂亦發兵距之牧野。甲子日，紂兵敗。紂走入，登鹿臺，衣其寶玉衣，赴火而死。周武王遂斬紂頭，縣之〔大〕白旗。殺妲己。釋箕子之囚，封比干之墓，表商容之閭。封紂子武庚祿父，以續殷祀，令修行盤庚之政。殷民大說。於是周武王為天子。其後世貶帝號，號為王。而封殷後為諸侯，屬周。[53]

53　《史記》，卷三，〈殷本紀第三〉，頁108-109。

紂王無視周族勢力的坐大，繼續其淫亂之行，微子數諫不聽，大師、少師打算離去，比干決以死諫，此皆說明殷商王朝內部之離心。當紂王囚禁箕子、殷之大師、少師也投奔周國之時，武王認為紂王已經眾叛親離，判斷伐紂的時機已至。武王率眾討伐紂王，紂王發兵拒敵，兩軍戰於牧野，紂王戰敗而死。武王斬首紂王、殺妲己，並釋放箕子，封比干、表揚商容，分封紂子武庚等行為，得到殷商百姓的認同。武王是新政權的建立者，其積極爭取殷遺民歸心的作為，說明其重視百姓的態度，大體上是遵循文王以德治民的王道精神。

　　關於紂惡的傳說，子貢首先提出他的質疑：「紂之不善不如是之甚也。是以君子惡居下流，天下之惡皆歸焉。」[54]子貢認為紂王成為春秋時代人們心目中的暴君典型，因此，後代將暴君具備的惡行，皆歸於紂王。司馬遷於〈殷本紀〉中撰寫紂王之惡，可歸納以下五點：一、好酒淫樂；二、嬖於婦人；三、殘害忠良，棄親用邪；四、重賦聚斂；五、不用祭祀。顧頡剛認為，《尚書》中紂的罪名包括：酗酒、不用貴戚舊臣、登用小人、聽信婦言、信有命在天、不留心祭祀，「從以上六項看來，紂只是一個糊塗人：他貪喝了酒，遂忘記了政事，所以把他的國亡掉了。」[55]顧氏認為後人描述紂王惡行的細節，有愈來愈誇大的趨勢，然而，其根據《尚書》所歸納的六項罪名，大致與〈殷本紀〉相同，可見司馬遷並沒有特別誇大

54　《論語》，卷二十二，〈子張第十九〉，頁407。

55　顧頡剛，〈紂惡七十事的發生次第〉，收入氏著《古史辨》第二冊上編，（上海：上海書店，1930），頁82-93。

紂王的罪行。司馬遷筆下的紂王形象，是一位貪圖個人享樂、不爲
百姓謀福祉的君主，紂王之行爲，不能單單以「一個糊塗人」爲之
開脫。從王道思想的標準來看，紂王身爲一國之君，其貪酒、怠政
之行非同小可，以致於落得身死、國亡的下場。司馬遷把紂王沒有
實行仁政，只追求個人享樂，不顧人民生活的作爲，刻畫成暴君的
形象，並以此說明商朝覆滅的主因。

　　夏曾佑指出，桀、紂之惡，多爲後代開國者的附會：「今案各
書中，所引桀紂之事多同，可知其間必多附會。蓋既亡之後，其興
者必極言前王之惡，而後己之伐暴爲有名，天下之戴已爲甚當，不
如此不得也。」[56]夏氏之論固然不錯，但是現代學者運用殷墟出土
甲骨文的材料與相關的研究成果，也爲商朝覆滅的原因，提出了更
多的解釋：

　　第一，征伐東夷。《左傳》稱：「商紂爲黎之蒐，東夷叛
之」、[57]「紂克東夷，而隕其身」，[58]卜辭也記載帝辛「征人方」
（即夷方）的記錄。郭沫若認爲：

> 所謂「夷人」，就是被殷紂王征服了的東南夷的人民，東南
> 夷在卜辭中是稱爲夷方的。帝乙（紂王之父）時代的卜辭很
> 多「征夷方」的記錄。殷紂王承繼了他父親的戰功，終竟把
> 東南夷平定了。……因此他俘虜了那些夷人有幾十萬幾百萬

56　夏曾佑，《中國古代史》（台北：台灣商務印書館，1994），頁28-29。
57　《左傳》，〈昭公四年〉，頁1252。
58　《左傳》，〈昭公十一年〉，頁1323。

之多。後來他同周武王戰於牧野，「前徒倒戈」的應該就是
這些夷人了。[59]

郭氏認爲，帝乙、紂王兩代持續征伐東夷，雖平定東夷，卻未能有
效地治理東夷人，因此東夷人對殷商王朝沒有向心力，而在牧野一
戰中倒戈。

徐中舒也主張：

> 殷商雖當末世，其戰伐之功與人徒之眾，猶煊交一時。惟以
> 用其力，或即屢與夷方構兵，疲於奔命，致為周人所乘。周
> 以新造之邦，牧野之役一戰勝殷，如非倖致，則此東夷之役，
> 除解為周人經營江、漢流域及吳、陳之結果以外，實無其他
> 適當之解釋。[60]

徐氏認爲，紂王征伐東夷，造成殷商國力的耗損，以致動搖國本，
給予周人可乘之機，牧野一戰大勝殷商王朝。

甲骨卜辭已經證實《左傳》記載紂王討伐東夷的眞實性，然而，
司馬遷爲何忽略儒家經典《左傳》的記載，是一個值得留意的問題。
從司馬遷撰寫《史記》的中心思想論之，在〈殷本紀〉裡對於紂王
征伐東夷一事略而不提，是可以理解的。司馬遷有意選擇紂王不爲
百姓施行仁政的缺失，突顯紂王不仁與周文、武之仁的對比，作爲

---

59 郭沫若，《奴隸制時代》（北京：中國人民出版社，1954），頁 18。
60 徐中舒，〈殷商之際史蹟之檢討〉，前引文，頁 682。

殷商滅亡的重要原因，其欲彰顯王者應行仁政的思想，是貫穿《史記》全書的中心思想。

第二，新、舊黨爭。董作賓根據殷墟卜辭的記載，主張商王祖甲曾經進行祀典、曆法、文字、卜事等方面的改革，導致新、舊兩派長期相爭的問題，延續至紂王時期。[61]王仲孚指出，紂王是主張改革祭祀的新派人物，由於黨爭激烈，導致殷商的滅亡：

> 從新舊材料綜合觀察，殷商的覆亡與長期黨爭有關，黨爭的由來肇端於祖甲的改革，其中尤以祀典的變革，與殷人的制度、信仰及傳統皆有密切的關係，必然會涉及到許多人的現實利益，影響之深遠，可以想見，所以由此而導致新舊黨爭，也就應屬事理之必然了。
>
> 從文獻記載的殷末史事及紂的罪惡情形來看，也正是表現了新舊兩派劇烈黨爭的現象。由於長期黨爭的結果，殷人顯然已失去共同信仰及是非判斷的標準，思想分歧、社會混亂、紀綱蕩然，在愈演愈烈的政爭下，殷人離心離德，「有道者」相率求去，這些錯綜複雜的因素相互激盪，實為促使殷商王國瓦解的重要原因。[62]

---

61 董作賓，《甲骨學六十年》（台北：藝文印書館，1965），「殷代禮制中的新舊兩派」，頁 102-118。

62 王仲孚，〈殷商覆亡原因試釋〉，《中國上古史專題研究》（台北：五南圖書公司，1996），頁 537-538。

王氏之論，精闢地分析殷商末年，由於長期黨爭的關係，造成社會、政治對立，人心徬徨不安的亂象，而紂王未能消弭新、舊兩派之間的隔閡，終至覆滅。

　　紂王身為人君卻不體恤百姓，重視個人享樂的作為，導致殷商王朝走向滅亡。司馬遷在撰寫殷商覆滅時，再次以在上位者是否施行仁政，作為審視這段歷史發展過程的標準，可以看出孔、孟儒家的王道精神是司馬遷判斷歷史興亡盛衰的重要指標，也是其撰寫《史記》的中心思想。

表三：商代世系表（根據《史記·殷本紀》）

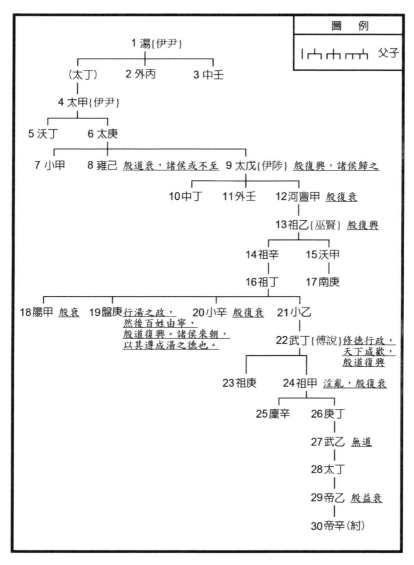

三、西周的盛衰與滅亡

（一）西周的盛衰

1、成、康時期

武王克商之後，殷商的殘餘勢力依舊存在，史稱：「天下未集」，[63]尚未安定。但過沒幾年，武王去世，年少的成王即位。管叔、蔡叔等人疑心周公，並聯合武庚叛變，以致於周初政權面臨重大的挑戰：

> 成王少，周初定天下，周公恐諸侯畔周，公乃攝行政當國。管叔、蔡叔群弟疑周公，與武庚作亂，畔周。周公奉成王命，伐誅武庚、管叔，放蔡叔。以微子開代殷後，國於宋。頗收殷餘民，以封武王少弟封為衛康叔。……周公行政七年，成王長，周公反政成王，北面就群臣之位。[64]

司馬遷在〈周本紀〉裡，記載周公「攝行政當國」，強調周公係奉成王命，平定亂事，穩定周朝開國的局面。

關於周公是否攝政或稱王的問題，《荀子‧儒效》云：

> 是以周公屏成王而及武王以屬天下，惡天下之離周也。成王冠成人，周公歸周反籍焉，明不滅主之義也；周公無天下矣。

鄉有天下，今無天下，非擅也；成王鄉無天下，今有天下，非奪也；變埶次序節然也。故以枝代主而非越也，以弟誅兄而非暴也，君、臣易位而非不順也。因天下之和，遂文、武之業，明枝、主之義，抑亦變化矣。天下厭然猶一也，非聖人莫之能為。夫是之謂大儒之效！[65]

《韓非子‧難二》曰：

周公旦假為天子七年。成王壯，授之以政，非為天下計也，為其職也。[66]

從上述不同的記載可知，司馬遷選擇了《荀子》之說，是因為周公穩定了周朝開國的政局，又因其之後更還政於成王，而讚美其忠。

　　顧頡剛解釋司馬遷對於周公攝政問題的撰寫：「按《史記》出於西漢中葉，那時皇帝集權益甚，天、澤之辨日嚴，周公攝政之說早已成為定論，所以司馬遷就屢次說他『攝行政，當國』，好像冢宰（相國）在前一王死後、後一王居喪的時候分該代行天子的職權似的。成王的年齡，在《荀子》裏說他『冠，成人，周公歸周反籍』，據二十而冠及周公攝政七年的傳統說法而言，那麼武王死時他已十三歲，何至於尚『在強葆之中』？這應該是司馬氏受了當時誇張的

65　《荀子》，卷四，〈儒效篇第八〉，（王先謙，《荀子集解》，收入《諸子集成》二，北京：中華書局，1996），頁74。

66　《韓非子》，卷十五，〈難二〉，頁277。

傳說和《尚書》學家的師說的蒙蔽所致。」[67]

顧氏之論，似乎沒有全盤考慮司馬遷《史記》一書的中心思想。如同夏、商、周三代歷史在先秦文獻中，有許多記載分歧的現象，司馬遷有意識地選擇王道思想的精神，以其一以貫之的撰寫立場，依照《荀子》之說，來撰寫周公攝政的問題。《周公攝政稱王與周初史事論集》一書，收錄近、現代學者結合文獻與考古史料的研究成果，其中主張周公「攝政」，但「未稱王」者，例如：楊向奎、夏含夷等人；主張周公「稱王」者，例如：顧頡剛、郭偉川等人；馬承源則主張周公既未「攝政」，也未「稱王」。[68]上述諸說立論不同，皆未成定論。

無論周公是否稱王，論者大致上肯定周公鞏固周朝政權之功，以及周公之忠。王國維指出周公攝政的精神與影響：「舍弟傳子之法，實自周始。……周公乃立成王而已攝之，後又反政焉。攝政者，所以濟變也；立成王者，所以居正也。自是以後，子繼之法，遂為百王不易之制矣。」[69]王氏之論，已說明周公對於周初歷史的重要意義與影響力。

從孟子王道思想對於「王」的看法而論，「王」不過是「天吏」，是能代替上天施行仁政於民的代理人而已，因此，周公不論是攝政

---

67 顧頡剛，〈周公執政稱王——周公東征史實考證之二〉，收入郭偉川編，《周公攝政稱王與周初史事論集》（北京：北京圖書館出版社，1998），頁28。

68 各家論點，詳見郭偉川編，《周公攝政稱王與周初史事論集》，前引書。

69 王國維，〈殷周制度論〉，收入郭偉川編，《周公攝政稱王與周初史事論集》，前引書，頁3-4。

當國，抑或是踐阼稱王，都是周初政權的主導者，是位居「天吏」
之人。周公面對周朝建立之初的困境，即使稱王，也是一時的權宜
之計，而君臣之分，實屬個人的小節，掌握權力者，應善盡「天吏」
之道。周公能完成確立周朝政權的使命，建立符合百姓期待的政
權，這才是司馬遷於〈周本紀〉中所欲強調的事實。況且司馬遷撰
寫《史記》的時代，早於王莽篡漢，司馬遷無須像新莽時代之後的
儒生們，急於解釋周公與王莽兩者之間的分別。

　　周公稱王，抑或不稱王，並無損於周公在周初政治領域的表
現，最重要的是，周公善盡「天吏」之道，這也是司馬遷在《史記》
各篇之中，評論在上位者的重要標準。孔子之於管仲，略其不死子
糾之罪，而取其一匡九合之功。同理可言，周公稱王與否，實無損
於他對周初歷史的重要貢獻。

　　周公返政於成王之後，成王討伐淮夷、奄、東夷等國，鞏固周
朝政權的穩定，並派召公「復營洛邑」，[70]建立周朝政權在東方的
根據地。此外，成王也建立起立國的規模：「作〈周官〉。興正禮
樂，度制於是改，而民和睦，頌聲興。」[71]

　　成王臨終之際，為太子釗選擇良相，命召公、畢公輔佐之：

> 成王將崩，懼太子釗之不任，乃命召公、畢公率諸侯以相太
> 子而立之。成王既崩，二公率諸侯，以太子釗見於先王廟，
> 申告以文王、武王之所以為王業之不易，務在節儉，毋多欲，

70　《史記》，卷四，〈周本紀第四〉，頁 133。
71　仝上。

> 以篤信臨之,作〈顧命〉。太子釗遂立,是為康王。康王即
> 位,徧告諸侯,宣告以文武之業以申之,作〈康誥〉。故成
> 康之際,天下安寧,刑錯四十餘年不用。康王命作策畢公分
> 居里,成周郊,作〈畢命〉。[72]

召公、畢公以文王、武王之業告誡太子釗,待太子釗即位為康王,
亦以文武之業宣告諸侯。周文王施行仁政的典範、與武王創業之
功,已經成為後世周王效法的對象,康王能效法文、武之德,因而
達到安定天下、不用刑罰的成效。

司馬遷於〈周本紀〉中記載成王、康王的事蹟,除了注重周初
大事的發展過程之外,也側重撰寫周公、召公、畢公等人的貢獻。
成、康兩代的共通點是,皆得賢能的輔佐:成王得周公、召公之輔,
而能平定亂事、以禮樂治國;康王得召公、畢公之助,並能賡續文、
武之業,因而天下安定,成就周初的治世。

2、昭、穆、共、懿、孝、夷王時期

司馬遷指出,昭王時期「王道微缺」,這是西周第一次衰微的
時期:

> 康王卒,子昭王瑕立。昭王之時,王道微缺。昭王南巡狩不
> 返,卒於江上。其卒不赴告,諱之也。立昭王子滿,是為穆
> 王。穆王即位,春秋已五十矣。王道衰微,穆王閔文武之道

缺，乃命伯冏申誡太僕國之政，作〈冏命〉。復寧。[73]

上述引文並沒有說明昭王巡狩的原因，其卒於漢水，「喪六師于漢」。[74]司馬遷只簡單地指出，昭王不務德而好遠略，來說明當時「王道微缺」的原因。穆王見「王道衰微」，而能「閔文武之道缺」，說明其身為人君，能效法修德行善的周文王、武王，開始重視政治發展，於是天下安定。

司馬遷在〈周本紀〉中以二大段的篇幅，記載穆王的事蹟：第一段，祭公謀父首先以「先王燿德不觀兵」，勸諫穆王不可征伐犬戎。祭公謀父說明自后稷以來，周人先世善待百姓，至文王、武王時期，皆能宣揚后稷的美德；反觀紂王，「大惡於民」，文、武二代反道而行，而得百姓的支持。武王發動牧野之戰，是為百姓而戰：「是故先王非務武也，勤恤民隱而除其害也」，這些都是實行仁政的王道精神。穆王不聽祭公謀父之勸，違背先王的教誨，征伐犬戎，然而，真正的損失是失去四周鄰國的支持，史稱：「自是荒服者不至」。[75]祭公謀父對於武王伐紂的看法，大體上符合孟子支持百姓

73　《史記》，卷四，〈周本紀第四〉，頁 134-135。

74　朱右曾輯錄，《汲冢紀年存真》，卷上，頁 30。

75　《史記》，卷四，〈周本紀第四〉，頁 135-136：「穆王將征犬戎，祭公謀父諫曰：『不可。先王燿德不觀兵。夫兵戢而時動，動則威，觀則玩，玩則無震。是故周文公之頌曰：「載戢干戈，載櫜弓矢，我求懿德，肆于時夏，允王保之。」先王之於民也，茂正其德厚其性，阜其財求而利其器用，明利害之鄉，以文脩之，使之務利而辟害，懷德而畏威，故能保世以滋大。昔我先王世后稷以服事虞、夏。及夏之衰也，弃稷不務，我先王不窋用失其官，而自竄於戎狄之間。不敢怠業，時序其德，遵脩其緒，脩其

而發動戰爭的論點，司馬遷引用祭公謀父之言，正是以此彰顯以德服人的王道精神。

第二段，〈周本紀〉記載：「諸侯有不睦者，甫侯言於王，作脩刑辟。王曰：……命曰〈甫刑〉。」[76]甫侯建議解決諸侯不睦的方法，是「作脩刑辟」，而提出甫刑。司馬遷並未評論穆王的行為，但是配合上一段祭公謀父的諫言觀之，穆王採取用刑的作為，已經違背先王之道。孔子云：「遠人不服，則脩文德以來之」，[77]孔、孟思想中以德服人的王道精神，才是解決諸侯不睦的方法。

司馬遷在〈周本紀〉中，記載共王出游至涇水邊，密康公跟隨，有三美女投奔密康公。密康公之母認為其無德，不應得三美女，而密康公不聽，一年之後，招至滅國之禍。從《史記》所欲彰顯的王道思想而論，共王為美女出兵，是為一己之私，並非為百姓而戰，可謂師出無名，亦有失仁君之舉。司馬遷指出，至懿王時期：「王室遂衰，詩人作刺」，[78]這是周王室出現第二次的衰落，其後繼任的孝王、夷王，也沒有可資記錄的表現。

3、厲、宣王時期

司馬遷指出，厲王是西周邁向衰亡的時期：

> 訓典，朝夕恪勤，守以敦篤，奉以忠信。奕世載德，不忝前人。至于文王、武王，昭前之光明而加之慈和，事神保民，無不欣喜。商王帝辛大惡于民，庶民不忍，訢載武王，以致戎于商牧。是故先王非務武也，勤恤民隱而除其害。夫先王之制，邦內甸服，……」王遂征之，得四白狼四白鹿以歸。自是荒服者不至。」

76　《史記》，卷四，〈周本紀第四〉，頁138-139。
77　《論語》，卷十九，〈季氏第十六〉，頁352。
78　《史記》，卷四，〈周本紀第四〉，頁140。

夷王崩，子厲王胡立。厲王即位三十年，好利，近榮夷公。大夫芮良夫諫厲王曰：「王室其將卑乎？夫榮公好專利而不知大難。夫利，百物之所生也，天地之所載也，而有專之，其害多矣。天地百物皆將取焉，何可專也？所怒甚多，而不備大難。以是教王，王其能久乎？夫王人者，將導利而布之上下者也。使神人百物無不得極，猶日怵惕懼怨之來也。故〈頌〉曰『思文后稷，克配彼天，立我蒸民，莫匪爾極』。〈大雅〉曰『陳錫載周』。是不布利而懼難乎，故能載周以至于今。今王學專利，其可乎？匹夫專利，猶謂之盜，王而行之，其歸鮮矣。榮公若用，周必敗也。」厲王不聽，卒以榮公為卿士，用事。[79]

芮良夫見厲王好利，不用賢人，發出「王室其將卑乎」的感嘆，並強調周人始祖后稷施德於民，後繼者多能廣施恩澤，而能建立周朝。芮良夫見微知著，向厲王提出警告，但厲王貪財好利，依舊重用榮公。

　　〈周本紀〉記載：「王行暴虐侈傲，國人謗王。」召公為百姓請命：「民不堪命矣。」厲王派衛巫監謗者，雖達到國人不敢批評的成效，但也形成「諸侯不朝」的惡果。厲王不以為意，變本加厲，以致「國人莫敢言，道路以目。」召公對此提出諫言：「是鄣之也。防民之口，甚於防水。……故天子聽政，使公卿至於列士獻詩，……而后王斟酌焉，是以事行而不悖。……口之宣言也，善敗於是乎

79　《史記》，卷四，〈周本紀第四〉，頁141。

興。……若壅其口，其與能幾何？」[80]厲王終不聽召公的勸告，一意孤行，雖達到止謗的效果，但是也引發國人造反，襲擊厲王。司馬遷在〈周本紀〉中，記載厲王好聚斂、親近小人、不聽勸諫、止謗的行為，反映出厲王不明為君之道，從王道思想論之，厲王實已失去成為明君的條件。

司馬遷於〈十二諸侯年表〉中再次評論厲王：

> 太史公讀〈春秋曆譜諜〉，至周厲王，未嘗不廢書而歎也。曰：「鳴呼，師摯見之矣！紂為象箸而箕子唏。周道缺，詩人本之衽席，〈關雎〉作。仁義陵遲，〈鹿鳴〉刺焉。及至厲王，以惡聞其過，公卿懼誅而禍作，厲王遂奔于彘，亂自京師始，而共和行政焉。是後或力政，彊乘弱，興師不請天子。」[81]

上述引文，指出厲王時期是周王室走向衰微的時期，導致後來諸侯之間互相攻伐，霸權迭興的局面。

厲王出奔的十四年間，「召公、周公二相行政，號曰『共和』。共和十四年，厲王死于彘。太子靜長於召公家，二相共立之為王，是為宣王。」宣王在召公、周公的輔佐之下，「脩政，法文、武、成、康之遺風，諸侯復宗周。」[82]宣王遵循先王的典範，西周王朝

80　《史記》，卷四，〈周本紀第四〉，頁142。

81　《史記》，卷十四，〈十二諸侯年表第二〉，頁509。

82　《史記》，卷四，〈周本紀第四〉，頁144。

出現短暫的中興，然而，〈周本紀〉接著以二段內容，說明宣王之
失：

> 宣王不脩籍於千畝，虢文公諫曰不可，王弗聽。三十九年，
> 戰于千畝，王師敗績于姜氏之戎。
> 宣王既亡南國之師，乃料民於太原。仲山甫諫曰：「民不可
> 料也。」宣王不聽，卒料民。[83]

上段引文，說明宣王不聽虢文公與仲山甫二位大臣的勸諫，是一位
不聽大臣勸諫的君主。千畝之戰使周、姜二族「從原來比肩協力的
婚姻關係，變成勢不兩立的仇敵」，料民於太原，「顯示周王朝的
兵力捉襟見肘」。[84]由此看來，宣王時期雖一度強盛，但也因爲他
不聽大臣勸諫，政策失當，以致不能扭轉西周衰亡之勢。

（二）周幽德衰民怨廢嫡而亡

〈周本紀〉記載四段有關周幽王的事蹟，第一段，記載幽王即
位之初，發生天災，伯陽甫認爲是亡國之徵：

> 四十六年，宣王崩，子幽王宮湦立。幽王二年，西周三川皆
> 震。伯陽甫曰：「周將亡矣。夫天地之氣，不失其序；若過
> 其序，民亂之也。陽伏而不能出，陰迫而不能蒸，於是有地

83　《史記》，卷四，〈周本紀第四〉，頁144-145。

84　沈長云，《先秦史》（北京：人民出版社，2006），頁167。

震。今三川實震，是陽失其所而填陰也。陽失而在陰，原必
塞；原塞，國必亡。夫水土演而民用也。土無所演，民乏財
用，不亡何待！昔伊、洛竭而夏亡，河竭而商亡。今周德若
二代之季矣，其川原又塞，塞又竭。夫國必依山川，山崩川
竭，亡國之徵也。川竭必山崩。若國亡不過十年，數之紀也。
天之所弃，不過其紀。」是歲也，三川竭，岐山崩。[85]

伯陽甫指出陰陽不能調和導致三川皆震，並指出夏、商兩代亡國之
前曾經發生河川枯竭的現象，主張周朝已經出現夏、商兩代的亡國
之徵。《詩‧小雅‧十月之交》記載周幽王初年，「百川沸騰，山
冢崒崩，高岸為谷，深谷為陵。」[86]可見地震和旱災，對西周政權
而言，亦是一大挑戰。

第二段，記載幽王寵愛褒姒所帶來的人禍：

三年，幽王嬖愛褒姒。褒姒生子伯服，幽王欲廢太子。太子
母申侯女，而為后。後幽王得褒姒，愛之，欲廢申后，并去
太子宜臼，以褒姒為后，以伯服為太子。周太史伯陽讀史記
曰：「周亡矣。」昔自夏后氏之衰也，……當幽王三年，王
之後宮見而愛之，生子伯服，竟廢申后及太子，以褒姒為后，
伯服為太子。太史伯陽曰：「禍成矣，無可奈何！」[87]

85 《史記》，卷四，〈周本紀第四〉，頁145-146。
86 《詩》，卷第十二之二，〈小雅‧十月之交〉，頁407。
87 《史記》，卷四，〈周本紀第四〉，頁147。

幽王寵愛褒姒，欲廢太子宜臼，改立褒姒之子伯服爲太子。司馬遷引用周太史伯陽所說的褒姒傳說，認爲西周因此免不了亡國之禍。

　　第三段，記載幽王燧火戲諸侯，以博得褒姒一笑，史稱：「其後不信，諸侯益亦不至」，[88]幽王無事舉燧火，失信於諸侯，造成周王室潛藏的危機。

　　第四段，記載幽王廢嫡立庶，引發外族入侵：

> 幽王以虢石父爲卿，用事，國人皆怨。石父爲人佞巧善諛好利，王用之。又廢申后，去太子也。申侯怒，與繒、西夷犬戎攻幽王。幽王舉燧火徵兵，兵莫至。遂殺幽王驪山下，虜褒姒，盡取周賂而去。於是諸侯乃即申侯而共立故幽王太子宜臼，是爲平王，以奉周祀。[89]

從上述引文可知，幽王不顧國人的反對，重用「佞巧善諛好利」的虢石父爲卿，可見周幽王之用人不明。再者，周幽王爲一己之愛，廢申后、太子，導致申侯怒引繒、西夷犬戎之兵，攻入鎬京。周幽王舉烽火向諸侯求救，卻因屢次失信於諸侯，造成無一諸侯前來相救而滅亡的結局。平王初立，得晉文侯與鄭武公之助，東遷雒邑，史稱「東周」，此後周王室衰微，霸權迭興，周天子僅維持名義上的共主地位而已。

88　《史記》，卷四，〈周本紀第四〉，頁148。
89　《史記》，卷四，〈周本紀第四〉，頁149。

《國語·晉語一》記載晉國大夫史蘇與郭偃探討西周亡國的原因，史蘇認為西周的滅亡與褒姒有關：

> 周幽王伐有褒，褒人以褒姒女焉。褒姒有寵，生伯服，於是乎與虢石甫比，逐太子宜臼，而立伯服。太子出奔申，申人、鄫人召西戎以伐周，周於是乎亡。**90**

郭偃則認為，三代的覆滅，皆與亡國之君的行為有關：

> 夫三季王之亡也宜。民之主也。縱惑不疚，肆侈不違，流志而行，無所不疚，是以及亡而不獲追鑒。**91**

究竟是周幽王，抑或是褒姒應為西周的滅亡負最大的責任？司馬遷雖以較多的篇幅描述褒姒，並將史蘇與郭偃的說法皆納入〈周本紀〉之中，然而，若考慮司馬遷《史記》全書一以貫之的王道思想而言，本書認為司馬遷強調幽王身為一國之君，未能善盡人君之道；而幽王寵愛褒姒，甚至為了博得褒姒一笑而戲弄諸侯，其昏庸之舉已說明其不宜為人君；任用虢石父一事，也說明幽王無用人之明；廢嫡立庶引發外患，則說明幽王未能掌握政局，忽略申侯的勢力。幽王以一己之私任性妄為，西周的滅亡與其不明、不智有著莫大的關係，又豈能將西周滅亡的原因全部歸究於褒姒。

---

90 《國語》，卷第七，〈晉語一〉，頁 184。

91 《國語》，卷第七，〈晉語一〉，頁 185。

　　李峰指出，幽王五年到幽王八年之間，周王室經歷了一次以皇父和幽王為核心的政治鬥爭，而趨於衰弱，再者，幽王因錯估西申的實力，以致滅亡。李氏的觀點是少數縱觀西周歷史，從周初王室與封國間形成的政治關係，來分析西周滅亡原因之研究。[92]

　　綜上所述，司馬遷於〈周本紀〉中反映出西周王朝初年，成王、康王得賢人輔佐，因而成就治世，自昭王以後，周王室逐漸衰微，穆王一度安定天下，其後用兵、用刑，厲王好利、止謗，宣王不脩籍、料民，上述諸王皆不聽從朝臣的諫言，也不效法先王施行仁政之道，導致周王室走向衰亡之路。幽王因為褒姒誤國，失信諸侯，廢嫡立庶，造成亡國之禍。司馬遷以王道思想的標準評論西周諸王，其中失人君之道者眾，因此，西周的國勢自康王以後逐漸走下坡，終至無法挽回的地步。

---

92 李峰著、徐峰譯，《西周的滅亡》（上海：上海古籍出版社，2007），頁221-263。

表四：西周帝系表（根據《史記・周本紀》）

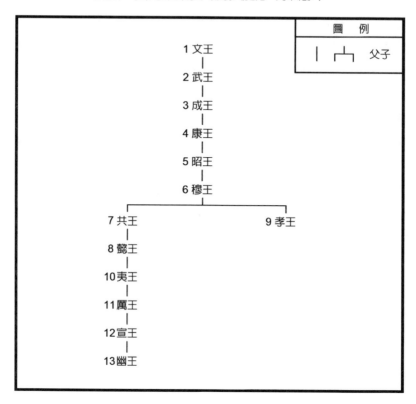

圖　例
｜⌐ 父子

1 文王
｜
2 武王
｜
3 成王
｜
4 康王
｜
5 昭王
｜
6 穆王

7 共王　　　　　　　　9 孝王
｜
8 懿王
｜
10 夷王
｜
11 厲王
｜
12 宣王
｜
13 幽王

結語

　　從《史記》夏、殷、周三代本紀所記載之三代盛衰發展史來看，〈夏本紀〉記載夏朝建立之初王權動盪的概況，並指出孔甲時期，是夏朝衰亡的關鍵時期。〈殷本紀〉記載商湯、太戊、祖乙、盤庚、武丁為殷商五盛之君，皆能用人；雍己、河亶甲、陽甲、小辛、祖甲為殷商五衰之君，皆不能知人善任，自祖甲以下七世，益加衰微，終至滅亡。〈周本紀〉記載西周的盛衰，也強調成王用周公、召公，康王用召公、畢公，故能成就治世，其後的穆王、厲王、宣王，不聽大臣勸諫，周王室由盛轉衰。夏、商、周三代的君主，凡是任用賢能者，國勢興盛，至於親近小人者，則國勢衰敗，這已清楚地揭示司馬遷認同在上位者用人之良窳，足以影響一代盛衰之看法，明君、賢臣是實現王道政治的基本條件。

　　三代覆滅的原因，大致與夏、商、周三代的亡國之君「失德」有著密切的關係，具體言之，其共通性如下：

　　其一，外力入侵：夏代滅亡的原因是商湯伐桀；商代滅亡的原因是武王伐紂；而西周覆滅的直接原因，是因為周幽王廢嫡立庶，造成申侯引犬戎入侵。三代皆因外來部族的入侵而覆滅。

　　其二，寵愛女色：〈外戚世家〉記載：「夏之興也塗山，而桀之放也以末喜。殷之興也以有娀，紂之殺也嬖妲己；周之興也以姜原及大任，而幽王之禽也淫於褒姒。」[93]司馬遷在夏、殷、周三代本紀中，對於三代的亡國之君好女色而亡國的記載，詳略不一：〈夏

---

[93]　《史記》，卷四十九，〈外戚世家第十九〉，頁1967。

本紀〉沒有記載末喜；〈殷本紀〉提到紂王「嬖於婦人」；〈周本
紀〉則詳細記載周幽王寵愛褒姒，以及褒姒禍國的傳說，並藉太史
伯陽之口說出：「禍成矣，無可奈何。」由此觀之，三代的亡國之
君寵愛女色雖是普遍現象，但是末喜、妲己、褒姒對夏、商、周三
代亡國的影響程度卻大不相同，其中只有周幽王為了寵愛褒姒，廢
嫡立庶，才直接引起外患的入侵。

其三，遠賢用奸：司馬遷在〈殷本紀〉中記述紂王醢九侯、脯
鄂侯、囚西伯；用費中，「殷人弗親」，用惡來，「諸侯以此益疏」；
不聽比干、商容、祖伊等忠臣賢良的諫言；甚至剖比干、囚箕子，
造成太師、少師投奔周武王。〈周本紀〉記載周幽王不聽伯陽甫的
勸諫，而用「善諛好利」的虢石父為卿。商、周的亡國之君皆具備
親小人、遠賢臣的共同點，此與商、周兩族之興，皆能親賢臣、遠
小人的作為背道而馳，由此可見，司馬遷強調，三代君主能得天下
民心者，莫不有功於百姓，且能任用賢人，對內善於治民之道，才
能使四方諸侯來歸。

司馬遷於〈太史公自序〉中說明〈陳涉世家〉作意，實已歸納
朝代滅亡的共通性：「桀、紂失其道而湯、武作，周失其道而《春
秋》作。秦失其政，而陳涉發迹，諸侯作難，風起雲蒸，卒亡秦
族。」[94]夏桀、商紂王、周幽王、秦二世，皆因不施仁政，失人君
之道，而失去天下。由此再次印證，「道」即是指《史記》全書一
以貫之的「王道」思想。

---

[94] 《史記》，卷一百三十，〈太史公自序第七十〉，頁 3310-3311。

第五章　史記對秦漢歷史的反思

　　《史記》全書略古詳今，對秦、漢歷史的關注更甚於三代，尤以漢武帝一朝特別詳盡。漢朝初年的歷史，是司馬遷所見、所聞的時代，司馬遷身爲史官，肩負著述當代歷史的重責大任，因此，司馬遷撰寫漢代歷史最爲翔實豐富。漢武帝一朝，是漢興以來轉「變」的階段，司馬遷身處當時，能洞察時代之變，其卓越的史識，自成一家之言。

　　司馬遷遭受李陵之禍，引發後人以此解讀其撰寫《史記》的心態。王允認爲司馬遷身受腐刑，心懷怨念，視《史記》爲「謗書」。[1]李賢注引《班固集》云：「司馬遷著書，成一家之言。至以身陷刑，故微文刺譏，貶損當世，非誼士也。」[2]魏明帝認爲：「司馬遷以受刑之故，內懷隱切，著《史記》非貶孝武，令人切齒。」[3]

1　王允解釋何以不用蔡邕續成漢史的理由，即引用司馬遷作《史記》的例子：「昔武帝不殺司馬遷，使作謗書，流於後世。方今國祚中衰，神器不固，不可令臣執筆在幼主左右。既無益聖德，復使吾黨蒙其訕議。」參見《後漢書》，卷六十下，〈蔡邕列傳第五十下〉，頁 2006。

2　《後漢書》，卷六十下，〈蔡邕列傳第五十下〉，「使作謗書，流於後世」李賢注云，頁 2007。

3　《三國志》，卷十三，〈魏書十三・鍾繇華歆王朗傳第十三〉，頁 418。

　　裴松之則認爲：「史遷紀傳，博有奇功于世，而云王允謂孝武應早殺遷，此非識者之言。但遷爲不隱孝武之失，直書其事耳，何謗之有乎？」[4]王肅引用劉向、揚雄的評論，反駁魏明帝之說：「司馬遷記事，不虛美，不隱惡。劉向、揚雄服其善敘事，有良史之才，謂之實錄。漢帝聞其述史記，取孝景及己本紀覽之，於是大怒，削而投之。於今此兩紀有錄無書。後遭李陵事，遂下遷蠶室。此爲隱切在孝武，而不在史遷也。」[5]裴松之、王肅所論較爲公允，他們皆肯定司馬遷秉筆直書的態度，且漢武帝亦非聖人，司馬遷無須爲之隱諱凡人的一面。

　　由此可見，漢末至三國時人，對司馬遷撰寫《史記》的心態，看法不一，司馬遷是因爲受刑之故，挾怨完成《史記》？抑或是直書筆法，呈現出武帝眞實的一面？長久以來，引發世人莫大的解讀空間。

　　關於司馬遷對漢武帝或是漢代政治的評價，究竟是「微文刺譏」？還是「直書其事」？至今仍無定論。事實上，探討這個問題之前，必須先理解司馬遷撰寫歷史的立場。基於本書對司馬遷撰寫夏、商、周三代歷史的研究可知，司馬遷根據孔、孟王道的思想，來評論歷史發展興衰的過程，已然形成《史記》的撰寫標準。夏、商、周三代本紀文本皆不斷地強調，在上位者是否施行仁政，以及能否任用賢能，是關係朝代興衰的重要因素，本章將以

4　《三國志》，卷六，〈魏書六・董二袁劉傳第六〉，「諸阿附卓者皆下獄死」裴松之注云，頁180。

5　《三國志》，卷十三，〈魏書十三・鍾繇華歆王朗傳第十三〉，頁418。

此標準來探討司馬遷對秦、漢歷史的看法，以佐證司馬遷在《史記》文本中一以貫之的撰寫標準。

一、秦朝的興衰

《史記·六國年表》「序」以讀〈秦紀〉發端，也以〈秦紀〉收結：「著諸所聞興壞之端。後有君子，以覽觀焉。」司馬遷對於秦國能取天下的原因，有其獨到的見解：

> 然戰國之權變亦有可頗采者，何必上古。秦取天下多暴，然世異變，成功大。傳曰「法後王」，何也？以其近己而俗變相類，議卑而易行也。學者牽於所聞，見秦在帝位日淺，不察其終始，因舉而笑之，不敢道，此與以耳食無異。悲夫！[6]

從引文可知，司馬遷並非一味地批評秦朝，其考察秦國統一的發展過程，肯定秦國根據社會的需求，採取「法後王」的作法，使改革易於實行，且易見成效。由於秦國能適應時代的變化，因時制宜，因而達到統一天下的目的。

司馬遷記載商鞅與秦國貴族甘龍、杜摯二人辯論變法的三段內容，反映出商鞅一再強調因「時」制宜的重要性：

6　《史記》，卷十五，〈六國年表第三〉，頁686。

> 是以聖人苟可以彊國，不法其故；苟可以利民，不循其禮。
> 三代不同禮而王，五伯不同法而霸。智者作法，愚者制
> 焉；賢者更禮，不肖者拘焉。
> 治世不一道，便國不法古。故湯武不循古而王，夏殷不易
> 禮而亡。反古者不可非，而循禮者不足多。[7]

從上述引文可知，商鞅認為，三代各自因應其時代背景的需要，制
定合乎時宜的禮、法制度，也因制度行之久遠，未能重新檢視禮、
法是否還吻合當世所需，因而滅亡。商鞅變法的成功，不僅使秦國
崛起，同時也扭轉「諸侯卑秦」[8]的劣勢。秦國第一次變法，「行
之十年，秦民大悅，道不拾遺，山無盜賊，家給人足。民勇於公戰，
怯於私鬬，鄉邑大治。」第二次變法之後，「秦人富彊，天子致胙
於孝公，諸侯畢賀。」[9]可見，司馬遷肯定商鞅的變法，是符合秦
國追求富國強兵的現實需求，並迅速地完成改革，使秦國脫胎換
骨，奠定秦國開帝業的基礎，因而為商鞅立傳。[10]
　　商鞅順應時勢進行變法，使秦國達到富國強兵的改革目標，
《史記‧秦始皇本紀》的「太史公曰」引用賈誼之〈過秦論〉，強
調秦朝不施行仁義，以致滅亡：

7　《史記》，卷六十八，〈商君列傳第八〉，頁2229。

8　《史記》，卷五，〈秦本紀第五〉，頁202。

9　《史記》，卷六十八，〈商君列傳第八〉，頁2231-2232。

10　《史記》，卷一百三十，〈太史公自序第七十〉，頁 3313：「鞅去衛適
　　秦，能明其術，彊霸孝公，後世遵其法。作〈商君列傳〉第八。」

　　一夫作難而七廟墮，身死人手，為天下笑者，何也？仁義
　　不施而攻守之勢異也。

　　秦離戰國而王天下，其道不易，其政不改，是其所以取之
　　守之者〔無〕異也。**11**

　　由於秦國一味延續商鞅變法以來的法家路線，將社會資源集中在修
築長城、馳道、直道、驪山陵、阿房宮等建設，如此過度地使役民
力，終於爆發陳勝揭竿起義，各地英雄豪傑一呼百應，群起推翻秦
朝。〈過秦論〉中提到秦國滅亡的一個重要因素是，秦國完成統一，
卻未能因時制宜，改變施政方針，實行符合民心期待的仁政。值得
注意的是，司馬遷很少全文引用他人的文章，可見其對於〈過秦論〉
的觀點，應是認同的。

　　施行王道政治不可或缺的條件之一，便是人才的運用。司馬
遷精闢地分析秦朝歷史之興衰，主要與秦國文臣、武將的表現息
息相關。例如：扭轉秦國劣勢、變法改革成功的商鞅；為統一六
國建立軍功的王翦；防禦北疆、修築長城的蒙恬；以及主張行郡
縣制、文字統一的李斯，上述之人對於秦國的統一貢獻良多，但
也對秦國的滅亡責無旁貸，茲分析如下：

1.商鞅

　　〈商君列傳〉引用趙良對商鞅的批評：

　　相秦不以百姓為事，而大築冀闕，非所以為功也。刑黥太

11　《史記》，卷六，〈秦始皇本紀第六〉，頁 282-283。

> 子之師傅，殘傷民以駿刑，是積怨畜禍也。教之化民也深
> 於命，民之效上也捷於令。今君又左建外易，非所以為教
> 也。……亡可翹足而待。[12]

趙良認為，商鞅的施政措施並非為百姓著想，也就是未行仁政。趙良提出儒家思想傾向的修正方針：「勸秦王顯巖穴之士，養老存孤，敬父兄，序有功，尊有德，可以少安。」[13]司馬遷大篇幅地引用趙良之言，顯然是同意其說。司馬遷認為商君是「天資刻薄」、「少恩」之人，[14]《商君書》的內容與其為人、行事相近。商鞅未能在秦國富強之後，適時地修正秦國的治國方針，最終落得車裂的下場。

2.王翦

司馬遷肯定王翦幫助秦國滅東方六國的貢獻良多：「盡定趙地為郡」、「遂定燕薊而還」、「遂定魏地」、「數破荊師」、「竟平荊地為郡縣」，且在秦始皇兼并天下的過程中：「王氏、蒙氏功為多，名施於後世。」[15]王翦身為武將，「始皇師之」，其身分地位足以向秦始皇提出建言，然而，司馬遷認為王翦在完成統一大

---

12 《史記》，卷六十八，〈商君列傳第八〉，頁 2234-2235。

13 《史記》，卷六十八，〈商君列傳第八〉，頁 2235。

14 《史記》，卷六十八，〈商君列傳第八〉，頁 2237：「太史公曰：『商君，其天資刻薄人也。跡其欲干孝公以帝王術，挾持浮說，非其質矣。且所因由嬖臣，及得用，刑公子虔，欺魏將卬，不師趙良之言，亦足發商君之少恩矣。余嘗讀商君開塞耕戰書，與其人行事相類。卒受惡名於秦，有以也夫！』」

15 《史記》，卷七十三，〈白起王翦列傳第十三〉，頁 2338-2341。

業之後，卻「不能輔秦建德，固其根本」，其未能輔佐秦王鞏固國家，實有失其身爲人臣的輔弼之責。[16]

3.蒙恬

蒙恬身爲名將，在秦朝滅東方六國之後，未能審時度勢，了解百姓所急需，勸諫秦始皇與民休息，反而「爲秦築長城亭障，塹山堙谷，通直道。」當時「天下之心未定，痍傷者未瘳」，司馬遷批評，蒙恬不能「振百姓之急，養老存孤，務修衆庶之和」，蒙恬未能適時地發揮影響力，其不能重視百姓的生活，反而過度使役百姓，其表現亦未能善盡人臣之道。[17]

4.李斯

司馬遷詳論李斯對秦國的重大貢獻：第一，李斯是幫助秦國統一的開國功臣，建議秦王以賄賂、利劍、離間三計兼并天下，於是秦王任命李斯爲客卿。[18]第二，李斯的〈諫逐客書〉雖是爲了

16　《史記》，卷七十三，〈白起王翦列傳第十三〉，頁 2342：「王翦爲秦將，夷六國，當是時，翦爲宿將，始皇師之，然不能輔秦建德，固其根本，偷合取容，以至圽身。」

17　《史記》，卷八十八，〈蒙恬列傳第二十八〉，頁 2570：「太史公曰：『吾適北邊，自直道歸，行觀蒙恬所爲秦築長城亭障，塹山堙谷，通直道，固輕百姓力矣。夫秦之初滅諸侯，天下之心未定，痍傷者未瘳，而恬爲名將，不以此時彊諫，振百姓之急，養老存孤，務修衆庶之和，而阿意興功，此其兄弟遇誅，不亦宜乎！何乃罪地脈哉？』」

18　李斯掌握秦國滅諸侯的「時」機，「今諸侯服秦，譬若郡縣」，因而向秦王建議：「陰遣謀士齎持金玉以游說諸侯。諸侯名士可下以財者，厚遺結之；不肯者，利劍刺之。離間君臣之計，秦王乃使其良將隨其後。」參見《史記》，卷八十七，〈李斯列傳第二十七〉，頁 2540-2541。

保全自身而作，但也為秦國留住大量的人才。第三，李斯協助秦始皇確立秦國開國的制度，例如：實行郡縣制、統一文字等，皆是影響中國十分深遠的制度。

司馬遷對於李斯上〈諫逐客書〉之事著墨較多，值得再討論。〈諫逐客書〉的內容，強而有力地論述秦國自穆公以來，孝公、惠王、昭王皆能重用外來的人才，並提出「今逐客以資敵國」的論點，成功地說服秦王政廢除逐客令。司馬遷強調，在上位者應該重視人才的主張，亦見於〈秦本紀〉。秦繆公的陪葬者眾，其中包括奄息、仲行、鍼虎等三位良臣，說明繆公不愛惜人才的輕率態度：「是以知秦不能復東征也」。[19]司馬遷揭露兩位秦王對人才的態度，秦繆公，初能用人而稱霸西戎，但臨終卻用良臣陪葬，以致秦國的霸業中衰；反觀秦王政因〈諫逐客書〉而留下客卿，最後成就統一大業。司馬遷引用〈諫逐客書〉全文，反映出他贊同李斯的論點，因為在上位者能得賢能輔佐，正是實現王道思想的重要條件。

司馬遷讚美李斯是「因時推秦」[20]的開國功勳，但在〈李斯列傳〉全篇中，亦生動地貫穿李斯對功名利祿的渴望與人生的選擇，

19　《史記》，卷五，〈秦本紀第五〉，頁 194-195：「三十九年，繆公卒，葬雍。從死者百七十七人，秦之良臣子輿氏三人名曰奄息、仲行、鍼虎，亦在從死之中。秦人哀之，為作歌黃鳥之詩。君子曰：『秦繆公廣地益國，東服彊晉，西霸戎夷，然不為諸侯盟主，亦宜哉。死而弃民，收其良臣而從死。且先王崩，尚猶遺德垂法，況奪之善人良臣百姓所哀者乎？是以知秦不能復東征也。』」

20　《史記》，卷一百三十，〈太史公自序第七十〉，頁 3315：「能明其畫，因時推秦，遂得意於海內，斯為謀首。作〈李斯列傳〉第二十七。」

其追求個人利益的私心，早已超越他身爲人臣應對秦國盡忠之心。司馬遷批評：「斯知六藝之歸，不務明政以補主上之缺。」[21]「六藝」爲孔子所傳，目的是爲了「追脩經術，以達王道，匡亂世反之於正，見其文辭，爲天下制儀法，垂六藝之統紀於後世。」[22]李斯雖貴爲秦相，卻不能施行孔、孟主張的王道思想，使秦國政治趨於清明，反而被爵祿蒙蔽雙眼，不能堅持秦始皇的遺詔，做出同意趙高改立庶子胡亥的錯誤決定。當李斯同意趙高矯詔之「時」，也是秦國由盛轉衰的重要關鍵，等到各地諸侯群起反叛，李斯已失去輔佐秦國的「時」機：「諸侯已畔，斯乃欲諫爭，不亦末乎！」[23]李斯應爲秦國的衰亡負上最大的政治責任。

　　綜上所述，司馬遷選擇爲商鞅、王翦、蒙恬、李斯等人立傳，此四人皆因「時」制宜，輔弼秦王完成秦國的統一大業。然而，司馬遷在檢視秦朝歷史的興亡盛衰時，他特別留意到，秦國的重臣們在變法成功與秦統一之初的表現，上述四人並未能適「時」地建議秦王改行仁政，以致於造成秦國的滅亡。司馬遷特別留意秦國人才的表現，強調人才是施行仁政的根本條件，他也以此來檢驗秦朝歷史的興亡盛衰，此與其撰寫三代歷史的標準是相同的。

21　《史記》，卷八十七，〈李斯列傳第二十七〉，頁 2563。

22　《史記》，卷一百三十，〈太史公自序第七十〉，頁 3310。

23　《史記》，卷八十七，〈李斯列傳第二十七〉，頁 2563。

二、秦楚之際反秦勢力的盛衰

（一）陳勝、吳廣的興敗

　　陳勝、吳廣率戍卒前往漁陽，行至蘄縣大澤鄉遇上大雨，兩人計議，失期當斬，舉大計也是死罪，與其送死，不如反秦。陳勝、吳廣「乃詐稱公子扶蘇、項燕，從民欲也」，[24]因而掌握時機，率眾反秦。至陳，得到三老、豪傑的支持：「將軍身被堅執銳，伐無道，誅暴秦，復立楚國之社稷，功宜爲王。」[25]陳勝、吳廣順應民意反秦，陳地百姓也肯定他們是「伐無道、誅暴秦」的行動。司馬遷撰寫陳勝起義的過程中，已充分說明秦二世過度地使役百姓，且嚴刑峻法的統治方式，並不符合百姓的期待，因此，反秦聲浪一觸即發，陳勝順應民意，自立爲王，六國後裔與各地英雄豪傑，殺秦國官吏起而響應者，不可勝數。

　　司馬遷指出，陳王欠缺整合起兵勢力的用人能力，且起兵之人各自盤算，以致不能共同團結對抗秦國。陳王無法善待故人，聽從賓客建議，認爲前來投靠的故人妄言「陳王故情」，[26]有損其威嚴，而殺故人，以致故人離去。再者，陳王苛察群臣過失，動輒得咎，又失將領之心。因此，陳勝稱王僅短短六個月的時間，即爲御者莊賈所殺。

24　《史記》，卷四十八，〈陳涉世家第十八〉，頁 1952。

25　仝上。

26　《史記》，卷四十八，〈陳涉世家第十八〉，頁 1960。

　　陳勝雖然失敗，但是司馬遷不僅爲之立傳，並破格將之列於
「世家」之中，以此說明他高度肯定陳勝的影響力：「陳勝雖已
死，其所置遣侯王將相竟亡秦，由涉首事也。」[27]〈太史公自序〉
云：「天下之端，自涉發難。」[28]陳勝、吳廣抓住時機，揭竿起
義，陳勝稱王僅僅六個月，卻早已點燃燎原的大火。司馬遷認
爲，秦朝之所以滅亡，如同桀、紂「失其道」以致失天下，「道」
指的是施行仁政之王道政治，秦朝不能行仁政，因而失天下。司
馬遷肯定陳勝之舉，陳勝反映出大多數百姓「苦秦久矣」[29]的心
聲，其影響既深且遠，天下各地的英雄豪傑紛紛響應，項梁、項
羽於會稽起事，劉邦於沛縣起事，歷時五年，終於推翻秦朝。

（二）楚、漢勢力消長的關鍵

　　司馬遷將西楚霸王與漢高祖並列在「本紀」之中，並從人心向
背與用人得失兩方面，作爲觀察楚、漢雙方是否施行王道，與其
勢力消長過程的重要指標。茲分析如下：

1.人心向背

　　綜觀《史記》楚、漢相爭有關的篇章，歸納劉邦勝利的原因，
與其能得人心有著密切的關係。司馬遷具體地描述劉邦入關中的
表現，劉邦聽從張良之言，封秦宮寶物府庫，下令廢除秦朝苛

27　《史記》，卷四十八，〈陳涉世家第十八〉，頁 1961。
28　《史記》，卷一百三十，〈太史公自序第七十〉，頁 3311。
29　《史記》，卷四十八，〈陳涉世家第十八〉，頁 1950。

法，與秦民約法三章，並還軍霸上，不受秦民獻饗。[30]其中「唯恐沛公不為秦王」一句，總結劉邦行仁政得人心的事實，也說明劉邦初入關中的表現，已經樹立起良好的政治形象。

相較於劉邦之得人心，《史記・項羽本紀》多處呈現項羽不得人心的一面：

其一，新安阬卒：項羽殺宋義，引兵渡河，破釜沈舟，解救鉅鹿之圍，一戰成名。項羽挾其戰功之威名，率領諸侯西行，然而，他顧慮受降的秦兵：「秦吏卒尚眾，其心不服，至關中不聽，事必危，不如擊殺之，而獨與章邯、長史欣、都尉翳入秦。」[31]於是在新安城阬殺秦兵士卒二十餘萬人。項羽入關帶來秦兵子弟的噩耗，此與劉邦入關的表現是天壤之別，可見關中父老、弟兄對項羽應是十分地反感。

其二，西屠咸陽：項羽入咸陽城不但屠殺秦兵，殺害已經投降的秦王子嬰，甚至火燒秦國的宮室，擄掠一空而去。[32]司馬遷

---

30 《史記》，卷八，〈高祖本紀第八〉，頁362：「召諸縣父老豪桀曰：『父老苦秦苛法久矣，誹謗者族，偶語者弃市。吾與諸侯約，先入關者王之，吾當王關中。與父老約，法三章耳：殺人者死，傷人及盜抵罪。餘悉除去秦法。諸吏人皆案堵如故。凡吾所以來，為父老除害，非有所侵暴，無恐！且吾所以還軍霸上，待諸侯至而定約束耳。』乃使人與秦吏行縣鄉邑，告諭之。秦人大喜，爭持牛羊酒食獻饗軍士。沛公又讓不受，曰：『倉粟多，非乏，不欲費人。』人又益喜，唯恐沛公不為秦王。」

31 《史記》，卷七，〈項羽本紀第七〉，頁310。

32 《史記》，卷七，〈項羽本紀第七〉，頁315：「居數日，項羽引兵西屠咸陽，殺秦降王子嬰，燒秦宮室，火三月不滅；收其貨寶婦女而東。」

於此並沒有評論項羽，但對照秦民在劉邦入關的評價：「唯恐沛公不爲秦王」，已經說明了關中人心的向背。

其三，放逐義帝：項羽將義帝遷到江南，並擊殺陣營中懷有異心者，[33]司馬遷強調項羽不能安撫群臣之心，也表現出其不能容人與不能拉攏人心的一面。

2.用人得失

劉邦是一位清楚自己爲何戰勝項羽的明白人，他曾在得天下之後，詢問諸將：「列侯諸將無敢隱朕，皆言其情。吾所以有天下者何？項氏之所以失天下者何？」《史記・高祖本紀》記載：

> 高起、王陵對曰：「陛下慢而侮人，項羽仁而愛人。然陛下使人攻城略地，所降下者因以予之，與天下同利也。項羽妒賢嫉能，有功者害之，賢者疑之，戰勝而不予人功，得地而不予人利，此所以失天下也。」高祖曰：「公知其一，未知其二。夫運籌策帷帳之中，決勝於千里之外，吾不如子房。鎮國家，撫百姓，給餽饟，不絕糧道，吾不如蕭何。連百萬之軍，戰必勝，攻必取，吾不如韓信。此三者，皆人傑也，吾能用之，此吾所以取天下也。項羽有一范增而不能用，此其所以為我擒也」。[34]

---

33 《史記》，卷七，〈項羽本紀第七〉，頁320：「項王出之國，使人徙義帝，曰：『古之帝者地方千里，必居上游。』乃使使徙義帝長沙郴縣。趣義帝行，其群臣稍稍背叛之，乃陰令衡山、臨江王擊殺之江中。」

34 《史記》，卷八，〈高祖本紀第八〉，頁381。

高起、王陵認為劉邦能「與天下同利」，至於項羽則因「妒賢嫉能」不能與天下同利，而失天下。劉邦更清楚地指出，他任用張良、蕭何、韓信等人，分別擔任運籌帷幄的軍師、鎮守後方的宰相、以及縱橫沙場的武將，此三傑皆是開國不可或缺的人才類型，他能用之，而得天下。

漢高祖之得人與善於用人，並不僅止於漢初三傑，茲舉《史記》所記載的陳平、張耳、雍齒、蒯通等四人為例，分別論其與漢高祖的君臣關係，以說明司馬遷強調漢高祖善於用人的領袖特質。分述如下：

其一，信任陳平：陳平歸漢之後，絳侯、灌嬰等人懷疑陳平是「反覆亂臣也」。漢王責問陳平，陳平據實以告：「臣躶身來，不受金無以為資。誠臣計畫有可采者，（顧）〔願〕大王用之；使無可用者，金具在，請封輸官，得請骸骨。」漢王選擇相信陳平，使陳平可以發揮長才，史稱：「陳平既多以金縱反間於楚軍」，「常出奇計，救紛糾之難，振國家之患」，[35]由此可見漢王的識人之明。

其二，保全張耳：張耳、陳餘是刎頸之交，但是當張耳受困於鉅鹿，陳餘卻未能捨身相救，以致兩人交惡。張耳追隨項羽入關，受封為常山王，後又追隨漢王。漢二年（前 205），漢王與西楚霸王苦戰，急欲拉攏陳餘，陳餘提出「漢殺張耳乃從」的條件，而漢王「求人類張耳者斬之，持其頭遺陳餘。」[36]漢王詐騙陳餘，

35　《史記》，卷五十六，〈陳丞相世家第二十六〉，頁 2054-2055、2062。
36　《史記》，卷八十九，〈張耳陳餘列傳第二十九〉，頁 2582。

得到一時之助，陳餘後來得知張耳不死，便與漢王的陣營決裂。漢王的取捨雖不能兩全，但保全了張耳，也令前來投靠漢王陣營之眾將領們安心，此事或許可以說明漢王的陣營能夠留住較多人才的原因。

其三，分封雍齒：漢高祖開國之初，分封行賞一事懸而未決，將領們人心惶惶。張良獻計，逆向操作，建議劉邦分封他最痛恨的人，雍齒因而受封爲「什方侯」，群臣皆喜曰：「雍齒尚爲侯，我屬無患矣。」[37] 漢高祖爲了顧全大局，分封雍齒一人爲侯，達到安撫人心的目的。漢高祖選擇拋開個人的恩怨，即使有矯情任用之嫌，卻能穩定漢朝江山，由此可見，漢高祖在政治決策上的優先考量，與其用人方式之靈活。

其四，釋放蒯通：漢高祖聽聞韓信臨終之言：「信言恨不用蒯通計」，派人追捕之。蒯通對曰：「當是時，臣唯獨知韓信，非知陛下也。且天下銳精持鋒欲爲陛下所爲者甚眾，顧力不能耳。又可盡亨之邪？」[38] 漢高祖聽完，便釋放了蒯通，由此，反映出漢高祖是位明理、有氣度的國君。

楚、漢相爭，不只是政治、軍事上的競爭，同時也是一場人才之爭。從上述漢王信任陳平、保全張耳的例子可知，漢王具備容人之雅量，對待將領較爲寬厚，更能適時地相信將領，因此，漢王的陣營聚集了較多的人才。漢王稱帝之後，分封雍齒、釋放蒯通等二個例子，也能補充說明其在用人政策上明智、大度的一

37　《史記》，卷五十五，〈留侯世家第二十五〉，頁2043。

38　《史記》，卷九十二，〈淮陰侯列傳第三十二〉，頁2629。

面。再者，《史記·魏公子列傳》記載漢高祖令百姓奉祠信陵君之舉，除了說明他對於信陵君的仰慕之意，也反映出他惜才、愛才的領袖特質。**39**

總而言之，司馬遷筆下的劉邦，雖流露出好酒色與不拘小節的凡人性格，但在楚、漢相爭的過程與稱帝之後的表現，一再地展現出劉邦善用人才的領袖特質，堪稱為漢代帝王的典範。

反觀項羽的陣營，既不能聚集人才，又不能適時地聽從謀士范增的建議，可知項羽之拙於用人；加上入關之後不得民心的表現，皆反映出項羽政治眼光的短淺與性格的缺失。劉邦認為項羽之所以失天下的主因是，人才有限，又不能用范增。〈項羽本紀〉中多處記載項王不聽范增的諫言，例如：范增認為劉邦有「天子氣」，且其入關中無所取，必有大志，勸諫項羽「急擊勿失」，**40** 並在鴻門宴上示意殺劉邦，但項羽卻是「默然不應」。**41**

世人多謂項羽不聽范增言，留給劉邦奪取天下的機會，然而，姚秀彥指出，范增是一位「典型的戰國策士，即縱橫家一流」，「以詭道取眼前之利，其不能成事在戰國時已屢試不爽。范增替項羽畫策，一為立懷王，名器輕易授人，徒只增加項羽以後

39　《史記》，卷七十七，〈魏公子列傳第十七〉，頁 2385：「太史公曰：吾過大梁之墟，求問其所謂夷門。夷門者，城之東門也。天下諸公子亦有喜士者矣，然信陵君之接巖穴隱者，不恥下交，有以也。名冠諸侯，不虛耳。高祖每過之而令民奉祠不絕也。」

40　《史記》，卷七，〈項羽本紀第七〉，頁311：「沛公居山東時，貪於財貨，好美姬。今入關，財物無所取，婦女無所幸，此其志不在小。吾令人望其氣，皆為龍虎，成五采，此天子氣也。急擊勿失。」

41　《史記》，卷七，〈項羽本紀第七〉，頁312。

困擾，而且懷乃謚號，如何可以稱現在之王？」另一策即殺劉邦，「劉邦是友軍又來謝罪，誅之無名，豈不使盟軍寒心！何以威服罪人？揆之當時情勢，項羽之不殺劉邦，勿寧是情理之常。」[42]

綜觀范增所獻之計，並未發揮功效，例如：立楚懷王之孫，作為反秦的號召；游說項王於鴻門宴中殺劉邦；將劉邦分封於巴、蜀之地等。項羽立楚懷王為義帝，又殺之於江南，這些作為後來都成為劉邦攻打項羽的理由：「項羽出逐義帝彭城，自都之……罪八。項羽使人陰弒義帝江南，罪九。」[43]漢三年（前204），「漢王請和，割滎陽以西者為漢」，[44]史載：「項王欲聽之。歷陽侯范增曰：『漢易與耳，今釋弗取，後必悔之。』」[45]范增所獻最後一計，被陳平用計離間，「項王乃疑范增與漢有私，稍奪之權」，[46]可見范增獻計，並未發揮太大的影響力。項羽不僅無法全然地相信范增，也不能根據其建言做出明智的抉擇。從范增的影響力來看，或可理解司馬遷在《史記》裡並未替范增立傳，而將范增的事蹟載於〈項羽本紀〉與〈高祖本紀〉之中的原因。

司馬遷肯定項羽是秦末至漢朝建立之前，最具權力與影響力的人物，也是「近古以來未嘗有」[47]的特殊人物，因此，司馬遷將

---

42 姚秀彥，《先秦史》（台北：里仁書局，1981），頁61。

43 《史記》，卷八，〈高祖本紀第八〉，頁376。

44 《史記》，卷八，〈高祖本紀第八〉，頁373。

45 《史記》，卷七，〈項羽本紀第七〉，頁325。

46 仝上。

47 《史記》，卷七，〈項羽本紀第七〉，頁338-339：「夫秦失其政，陳涉首難，豪傑蠭起，相與並爭，不可勝數。然羽非有尺寸乘埶，起隴畝之中，

項羽置於「本紀」之中。[48]陳勝首事，諸侯群起響應，風起雲蒸，項羽乘勢而起，解救鉅鹿之圍，一戰成名。論者或以司馬遷撰寫項羽驍勇善戰的特殊表現，而以爲司馬遷對於項羽，有其獨特的偏好。[49]項羽的確是楚、漢相爭期間的關鍵人物，然而，從司馬遷的王道思想論之，上述項羽不得民心與不能用人的表現來看，項羽並非理想的「天吏」。

再從項羽的政治眼光論之，項羽未嘗志在天下，其見識如同多數的六國後裔，一心懷抱復國之志，卻從未考慮過秦始皇所創立的制度，也有其可行性與優點。項羽鮮少聽從賓客的諫言，有人勸諫：「關中阻山河四塞，地肥饒，可都以霸。」[50]項羽卻火燒

三年，遂將五諸侯滅秦，分裂天下，而封王侯，政由羽出，號為『霸王』，位雖不終，近古以來未嘗有也。」

48　《史記》，卷一百三十，〈太史公自序第七十〉，頁 3302：「秦失其道，豪桀並擾；項梁業之，子羽接之；殺慶救趙，諸侯立之；誅嬰背懷，天下非之。作〈項羽本紀〉第七。」

49　李長之主張，司馬遷在所愛的才之中，「最愛的是聰明智慧，是才能，是不平庸，或不安於平庸，或意識到自己不平庸的。但尤其為他所深深地禮讚的，則是一種衝破規律，傲睨萬物，而又遭遇不幸，產生悲壯的戲劇性的結果的人物。夠上這個資格的，就是項羽和李廣。……〈項羽本紀〉和〈李將軍列傳〉——也便是《史記》中最精彩的，最炫耀人的文章了！」，〈司馬遷的人格與風格〉，前引書，頁 106-107。

50　《史記》，卷七，〈項羽本紀第七〉，頁 325：「漢王患之，乃用陳平計間項王。項王使者來，為太牢具，舉欲進之。見使者，詳驚愕曰：『吾以為亞父使者，乃反項王使者。』更持去，以惡食食項王使者。使者歸報項王，項王乃疑范增與漢有私，稍奪之權。范增大怒，曰：『天下事大定矣，君王自為之。願賜骸骨歸卒伍。』項王許之。行未至彭城，疽發背而死。」

秦宮室，且心懷歸故鄉之心，可見其受限於六國貴冑的立場，其目光仍嚮往恢復戰國時代列國並存的局面。[51]甚至對於「沐猴而冠」的批評，惱羞成怒，烹殺說者，此皆透露出項羽不能明辨諫言之善惡、不能用人、與其剛愎自用的性格。

項羽至死仍未看清自己失敗的原因，曾兩度強調：「此天之亡我，非戰之罪也。」[52]司馬遷批評：

> 及羽背關懷楚，放逐義帝而自立，怨王侯叛己，難矣。自矜功伐，奮其私智而不師古，謂霸王之業，欲以力征經營天下，五年卒亡其國，身死東城，尚不覺寤而不自責，過矣。乃引「天亡我，非用兵之罪也」，豈不謬哉！[53]

司馬遷指出項羽失敗的原因：第一，項羽放棄經營關中，東歸楚地，以「西楚霸王」自滿，反映出項羽並無統一天下的企圖心，以致於

---

51 漢三年，漢王受困於滎陽，酈食其獻計，復立六國之後。張良為漢王分析八個不可行的理由，指出若復六國，「陛下與誰取天下手？」參見《史記》，卷五十五，〈留侯世家第二十五〉，頁 2041。張良從項羽分封的失敗教訓中，洞察時代之變，反對漢王分封六國之後，堪稱楚、漢相爭中，最識「時」的俊傑。

52 《史記》，卷七，〈項羽本紀第七〉，頁 334：「項王自度不得脫。謂其騎曰：『吾起兵至今八歲矣，身七十餘戰，所當者破，所擊者服，未嘗敗北，遂霸有天下。然今卒困於此，此天之亡我，非戰之罪也。今日固決死，願為諸君快戰，必三勝之，為諸君潰圍，斬將，刈旗，令諸君知天亡我，非戰之罪也。』」

53 《史記》，卷七，〈項羽本紀第七〉，頁 338-339。

錯估形勢；且項羽放逐義帝，怨恨王侯的背叛，造成難以成事的局面。第二，項羽自恃百戰功高，以其個人的聰明才智成就霸王之業，但選擇以「力征」的手段經營天下，司馬遷頗有批評項羽不能施行仁政、不能用人的缺失，甚至到死都不能明白自己為何失敗的深層涵義。由是觀之，司馬遷撰寫〈項羽本紀〉，與其看重歷史興亡盛衰與在上位者是否施行仁政有著密切的關係，也藉由為項羽立傳，再次彰顯能得天下者，應施行符合民心的仁政。

綜上所述，不論是從陳勝、吳廣，或是西楚霸王的例子，都可以看出這些時代英雄們，因為無法惜才、用才，以致最終失勢的過程。反觀劉邦，不但能善用人才、聽信忠臣之言，並爭取民心，雖然免不了有些許凡人性格上的缺失，但最終仍能取得天下，為民所依附。司馬遷採用撰寫夏、商、周三代歷史的標準，從民心向背與用人得失二方面，來評斷這些時代英雄豪傑們的興衰發展，由此可見，王道思想深植於司馬遷的心中，並成為其評斷歷史人物與事件的重要標準。

三、漢初皇帝的政治得失

（一）高祖、呂太后時期

1.高祖（前 206-195）

司馬遷於〈高祖本紀〉中詳述劉邦為漢王時期知人善任、爭取民心的作為，已於前一節詳述，於此不再贅述。劉邦稱帝之後，

致力於消滅異姓諸侯王，穩定開國的局勢。[54]他延續漢王時期善於用人的特質，建立開國的規模，茲舉蕭何、張良、與叔孫通三人為例說明之：

蕭何長年鎮守關中，當高祖在外征討異姓諸侯王之時，蕭何穩定漢朝江山，功不可沒。蕭何雖然多次受到高祖的猜忌，他不惜以家產資助前線、甚至自毀名聲，爭取高祖的信任，可見蕭何為相，頗有捨我其誰之意。[55]司馬遷讚美：「何謹守管籥，因民之疾(奉)〔秦〕法，順流與之更始。淮陰、黥布等皆以誅滅，而何之勳爛焉。位冠群臣，聲施後世，與閎夭、散宜生等爭烈矣。」[56]

---

54 漢五年，「十月，燕王臧荼反，攻下代地。高祖自將擊之，得燕王臧荼」、「其秋，利幾反，高祖自將兵擊之，利幾走。」八年，「高祖東擊韓王信餘反寇於東垣」；十年，「八月，趙相國陳豨反代地」，「九月，上自東往擊之」；十一年，「豨將趙利守東垣，高祖攻之」、「春，淮陰侯韓信謀反關中，夷三族」、「秋七月，淮南王黥布反」，「高祖自往擊之」；十二年，「十月，高祖已擊布軍會甀」。參見《史記》，卷八，〈高祖本紀第八〉，頁381-389。

55 《史記》，卷五十三，〈蕭相國世家第二十三〉，頁2017-2018：「上已聞淮陰侯誅，使使拜丞相何為相國，益封五千戶，令卒五百人一都尉為相國衛。諸君皆賀，召平獨弔。……召平謂相國曰：『禍自此始矣。上暴露於外而君守於中，非被矢石之事而益君封置衛者，以今者淮陰侯新反於中，疑君心矣。夫置衛衛君，非以寵君也。願君讓封勿受，悉以家私財佐軍，則上心說。』相國從其計，高帝乃大喜。」又，「漢十二年秋，黥布反，上自將擊之，數使使問相國何為。相國為上在軍，乃拊循勉百姓，悉以所有佐軍，如陳豨時。客有說相國曰：『……今君胡不多買田地，賤貰貸以自汙？上心乃安。』於是相國從其計，上乃大說。」

56 《史記》，卷五十三，〈蕭相國世家第二十三〉，頁2020。

　　張良幫助高祖成就帝業，表達「願弃人間事，欲從赤松子游耳」的想法，歷來被視爲功成、名遂、身退的典範。然而，張良對於漢朝的開國問題仍有三大不可忽視的貢獻：第一：張良建議先封雍齒，以安群臣將領之心，避免開國將領心存疑慮而反叛的危機；[57]第二：劉敬建議定都關中，大臣卻想定都洛陽，張良分析關中的優勢：「此所謂金城千里，天府之國也。」[58]高祖聽從張良定都關中的建議，爲漢朝選擇一個兼具戰略地位與經濟條件的國都，奠定漢初開國的發展基礎。第三：高祖因寵愛戚夫人而有易太子的念頭，呂后求助於張良，張良建議太子劉盈爭取商山四皓的支持。商山四皓爲太子謀畫，免除出征英布的危機，並穩固太子的地位，避免開國之初政權繼承的動盪。史稱：「竟不易太子者，留侯本招此四人之力也。」[59]

　　叔孫通在漢朝開國之後，抓住發揮長才的機會，向高祖建議：「夫儒者難與進，可與守成，臣願徵魯諸生，與臣弟子共起朝儀。」漢七年（前200），長樂宮完竣，諸侯、群臣上朝，「自諸侯王以下莫不振恐肅敬」，漢高祖曰：「吾迺今日知爲皇帝之貴

57　《史記》，卷五十五，〈留侯世家第二十五〉，頁2043：「留侯曰：『陛下起布衣，以此屬取天下，今陛下爲天子，而所封皆蕭、曹故人所親愛，而所誅皆生平所仇怨。今軍吏計功，以天下不足徧封，此屬畏陛下不能盡封，恐又見疑平生過失及誅，故即相聚謀反耳。』……於是上乃置酒，封雍齒爲什方侯，而急趣丞相、御史定行封。羣臣罷酒，皆喜曰：『雍齒尚爲侯，我屬無患矣。』」

58　《史記》，卷五十五，〈留侯世家第二十五〉，頁2044。

59　《史記》，卷五十五，〈留侯世家第二十五〉，頁2047。

也。」叔孫通制定朝儀，司馬遷讚美：「叔孫通希世度務，制禮進退，與時變化，卒爲漢家儒宗。」[60]

　　上述蕭何、張良、叔孫通三人，皆知時務之要，而高祖用之，君臣各盡其道，因而穩定漢朝開國的局勢。司馬遷於《史記》各篇中，彰顯高祖能得人，且人盡其才的特質，誠如韓信所言：「陛下不能將兵，而善將將。」[61]漢廷得其人而用，高祖雖然長年在外征戰，仍爲後世的安定打下良好的基礎。從司馬遷的王道思想觀之，在上位者能爲百姓施行仁政，也必能任用賢能輔佐，司馬遷對高祖是褒是貶，已昭然若揭。

2.惠帝（前 194-188）、呂太后（前 187-181）

　　惠帝在位七年，史載之治績十分有限，其舉用曹參，得到蕭何的肯定。[62]他尊重曹參的治國方針，「舉事無所變更，一遵蕭何約束」，[63]耐心等待蕭何的開國措施日見成效。司馬遷讚美曹參：「然百姓離秦之酷後，參與休息無爲，故天下俱稱其美矣。」[64]

　　司馬遷於〈呂太后本紀〉中，記錄惠帝和呂太后稱制十五年間，漢朝功臣與外戚之間權力轉移與重組的過程，然而，政治紛爭僅止於諸呂外戚、開國功臣與劉姓宗室之人。司馬遷並未特別

60　《史記》，卷九十九，〈劉敬叔孫通列傳第三十九〉，頁 2722-2726。

61　《史記》，卷九十二，〈淮陰侯列傳第三十二〉，頁 2628。

62　《史記》，卷五十三，〈蕭相國世家第二十三〉，頁 2019：「何素不與曹參相能，及何病，孝惠自臨視相國病，因問曰：『君即百歲後，誰可代君者？』對曰：『知臣莫如主。』孝惠曰：『曹參何如？』何頓首曰：『帝得之矣！臣死不恨矣！』」

63　《史記》，卷五十四，〈曹相國世家第二十四〉，頁 2029。

64　《史記》，卷五十四，〈曹相國世家第二十四〉，頁 2031。

記載惠帝和呂太后時期的施政內容，大體上，漢廷採取蕭規曹隨，並遵循與民休息的施政方針，並爲文、景時代奠定良好的基礎，太史公曰：「黎民得離戰國之苦，君臣俱欲休息乎無爲，故惠帝垂拱，高后女主稱制，政不出房戶，天下晏然。刑罰罕用，罪人是希。民務稼穡，衣食滋殖。」[65]司馬遷如實地撰寫呂太后掌政時期，上層社會激烈的權力更迭，也能綜觀歷史的發展，指出漢廷上層的權力變動，並未動搖與民休息的施政方針，且民間社會、經濟逐漸地復甦，百姓得以安居樂業。[66]

呂太后一直位居漢廷政治權力核心的地位，然而，司馬遷自大處著眼，以王道思想論之，「太史公曰」一段文字如畫龍點睛，彰顯在呂太后女主稱制下，國計民生之安定更勝於朝廷政爭的過程。

（二）文、景時期

1.文帝（前179-157）

司馬遷描述漢文帝是一位深知治民之道的好皇帝：

> 朕聞之，天生蒸民，爲之置君以養治之。人主不德，布政不均，則天示之以菑，以誡不治。……天下治亂，在朕一人，唯二三執政猶吾股肱也。朕不能理育羣生，上以累三光之明，其不德大矣。令至，其悉思朕之過失，及知見思

---

65 《史記》，卷九，〈呂太后本紀第九〉，頁412。

66 高上雯，〈從呂后與漢初功臣的關係看《史記·呂太后本紀》的筆法〉，《淡江史學》第24期（2012年9月），頁65-96。

之所不及，勻以告朕。及舉賢良方正能直言極諫者，以匡
朕之不逮。因各飭其任職，務省繇費以便民。……[67]

上述文帝之言，說明其了解皇帝的職責是爲了養民，爲民施行德
政，因此，天下治亂與皇帝表現有著直接的關係。文帝的認知，符
合孟子「天吏」的主張，是少數理解皇帝職責所在的皇帝。文帝也
曾詢問丞相職責，陳平回答：「宰相者，上佐天子理陰陽，順四時，
下育萬物之宜，外鎮撫四夷諸侯，內親附百姓，使卿大夫各得任其
職焉。」[68]司馬遷清楚地指出，文帝與陳平，君、臣之間各自明白
職責所在，各盡其道，而能成就文帝時期的治世。

司馬遷在〈孝文本紀〉中，以具體的事實說明文帝是位有德的
仁君，分述如下：

其一，文帝重視農業發展，與民間疾苦。文帝元年（前179）
三月，文帝立后，下令「賜天下鰥寡孤獨窮困及年八十已上孤兒
九歲已下布帛米肉各有數。上從代來，初即位，施德惠天下，塡
撫諸侯四夷皆洽驩，乃循從代來功臣。」[69]二年（前178）正月，
文帝親自耕種，以勸天下務農。[70]十三年（前167），文帝體恤百
姓，免除農民的租稅：「農，天下之本，務莫大焉。今勤身從事而
有租稅之賦，是爲本末者毋以異，其於勤農之道未備。其除田之

---

67 《史記》，卷十，〈孝文本紀第十〉，頁422。
68 《史記》，卷五十六，〈陳丞相世家第二十六〉，頁2061-2062。
69 《史記》，卷十，〈孝文本紀第十〉，頁420。
70 《史記》，卷十，〈孝文本紀第十〉，頁423：「正月，上曰：『農，天
下之本，其開籍田，朕親率耕，以給宗廟粢盛。』」

稅。」[71]文帝關心百姓賴以為生的農業發展，以及百姓的生活，其重視養民之道，是施行仁政的具體表現。

其二，文帝多次下令廢除苛法。元年十二月，文帝主張廢除連坐法，下令犯法者之刑，僅止於其身；[72]二年三月，主張去除誹謗妖言之罪，讓大臣得以進諫，修正皇帝的施政過失；[73]十三年，齊太倉令淳于公犯罪應受刑，其女緹縈上書救父，天子下詔：「夫刑至斷支體，刻肌膚，終身不息，何其楚痛而不德也，豈稱為民父母之意哉！其除肉刑。」[74]文帝認為刑法不足以禁奸，廢除連坐法、誹謗妖言之罪、與肉刑等苛法，是位體恤民情的好皇帝。

其三，文帝是位節儉的好皇帝。文帝在位二十三年，「宮室苑囿狗馬服御無所增益」；聽聞營造露臺之費，為一般百姓十家之產，因而作罷；文帝所寵幸的慎夫人，「令衣不得曳地，幃帳不得文繡，以示敦朴，為天下先」；「治霸陵皆以瓦器，不得以金銀銅錫為飾。」[75]文帝奉行簡約，為民表率，凡事為百姓著想，以不擾民作為治民的優先考量，此皆實行王道政治的具體表現。

其四，文帝愛惜民力，不輕易對外發動戰爭。文帝三年（前

---

71 《史記》，卷十，〈孝文本紀第十〉，頁 428。

72 《史記》，卷十，〈孝文本紀第十〉，頁 418：「除收帑諸相坐律令」。

73 《史記》，卷十，〈孝文本紀第十〉，頁 423-424：「古之治天下，朝有進善之旌，誹謗之木，所以通治道而來諫者。今法有誹謗妖言之罪，是使眾臣不敢盡情，而上無由聞過失也。將何以來遠方之賢良？其除之。」

74 《史記》，卷十，〈孝文本紀第十〉，頁 428。

75 《史記》，卷十，〈孝文本紀第十〉，頁 433。

177），「匈奴入北地，居河南爲寇」，文帝認爲「漢與匈奴約爲昆弟，毋使害邊境，所以輸遺匈奴甚厚。……入盜，甚敖無道，非約也。其發邊吏騎八萬五千詣高奴，遣丞相潁陰侯灌嬰擊匈奴。」[76]從上述例子可知，文帝雖不輕易發動戰爭，但當匈奴不遵守兩國約定時，文帝也決定調兵遣將，發動八萬五千人攻打匈奴。因此，太史公讚美：「與匈奴和親，匈奴背約入盜，然令邊備守，不發兵深入，惡煩苦百姓。……專務以德化民，是以海內殷富，興於禮義。」[77]

綜上所述，〈孝文本紀〉彰顯了文帝的德政，司馬遷也在《史記》中的其它篇章，盛讚文帝「天下歸心」、「德至盛」、「施大德」、「孔子所稱有德君子」，文帝能爲民施行仁政，其作爲是符合王道思想的精神。[78]

---

[76] 《史記》，卷十，〈孝文本紀第十〉，頁 425。

[77] 《史記》，卷十，〈孝文本紀第十〉，頁 433。

[78] 《史記》，卷一百三十，〈太史公自序第七十〉，頁 3303：「漢既初興，繼嗣不明，迎王踐祚，天下歸心；蠲除肉刑，開通關梁，廣恩博施，厥稱太宗。作〈孝文本紀〉第十。」《史記》，卷十，〈孝文本紀第十〉，頁 437-438：「太史公曰：『孔子言「必世然後仁。善人之治國百年，亦可以勝殘去殺」。誠哉是言！漢興，至孝文四十有餘載，德至盛也。廩廩鄉改正服封禪矣，謙讓未成於今。嗚呼，豈不仁哉！』」《史記》，卷十一，〈孝景本紀第十一〉，頁 449：「漢興，孝文施大德，天下懷安。」《史記》，卷二十五，〈律書第三〉，頁 1243：「太史公曰：文帝時，會天下新去湯火，人民樂業，因其欲然，能不擾亂，故百姓遂安。自年六七十翁亦未嘗至市井，游敖嬉戲如小兒狀。孔子所稱有德君子邪！」

2、景帝（前 156-141）

景帝繼承文帝之德，在位十三年，曾四次大赦天下、減免田租、以及施行「除禁錮」、「省列侯遣之國」、「出宮人歸其家，復無所與」等善政，此皆符合施行仁政的愛民之舉。[79]

景帝時期，最重要的大事是平定吳、楚七國之亂，司馬遷指出：「諸侯驕恣，吳首為亂，京師行誅，七國伏辜，天下翕然，大安殷富。作〈孝景本紀〉第十一。」[80]「太史公曰」：

> 漢興，孝文施大德，天下懷安。至孝景，不復憂異姓，而晁錯刻削諸侯，遂使七國俱起，合從而西鄉，以諸侯太盛，而錯為之不以漸也。及主父偃言之，而諸侯以弱，卒以安。安危之機，豈不以謀哉？[81]

從司馬遷王道思想的標準論之，景帝的施政可資記錄者寡，因此，〈孝景本紀〉中記載簡略。然而，景帝承襲文帝的政策，解決高祖分封同姓諸侯王的問題，對於穩定漢朝有著極大的貢獻。

79　景帝元年，「赦天下」、「除田半租」；三年，「赦天下」；四年，「赦天下」；中五年，「赦天下」；後元年，「赦天下」。中元年，「除禁錮」；後二年，「省列侯遣之國」；後三年，「出宮人歸其家，復無所與」。《史記》，卷十一，〈孝景本紀第十一〉，頁 439-448。

80　《史記》，卷一百三十，〈太史公自序第七十〉，頁 3303。

81　《史記》，卷十一，〈孝景本紀第十一〉，頁 449。

（三）武帝時期

　　司馬遷如何撰寫武帝，一直是後人研究《史記》的關注重點。[82]
本書從《史記》王道思想的標準論之，綜觀武帝一朝的施政得失。
武帝即位之初，繼承漢初與民休息的成果，國力充盈，社會富
厚，是漢初發展鼎盛的時期，此時改弦更張，符合歷史潮流也是
必然的趨勢。《史記‧平準書》稱：

> 國家無事，非遇水旱之災，民則人給家足，都鄙廩庾皆
> 滿，而府庫餘貨財。……故人人自愛而重犯法，先行仁義而
> 後絀恥辱焉。當此之時，網疏而民富，役財驕溢，或至兼并
> 豪黨之徒，以武斷於鄉曲。宗室有土公卿大夫以下，爭于奢
> 侈，室廬輿服僭于上，無限度。物盛而衰，固其變也。[83]

---

[82] 阮芝生指出，司馬談、司馬相如、司馬遷三人對於武帝封禪求仙皆有諷諫
之意。參見氏著，〈三司馬與漢武帝封禪〉，《臺大歷史學報》第 20 期
（1996 年 11 月），頁 307-340。張大可指出，司馬遷〈平準書〉的結尾
以秦喻漢，向漢武帝敲警鐘，批評武帝「多欲」與「無限度」。參見氏著，
〈司馬遷的政治觀〉，收入王明信、俞樟華著，《司馬遷思想研究》（北
京：華文出版社，2004），頁 439-456。趙生群指出，「微文譏刺是司馬
遷對《春秋》筆法的繼承和發揚」，並從擇任將相、酷吏之治、〈封禪書〉、
〈平準書〉等方面探討《史記》的微文譏刺。參見氏著，《《史記》編纂
學導論》（南京：鳳凰出版社，2006），頁 200-204。呂世浩檢視漢武帝
的作為，主張「在太史公的心中，武帝不過是另一個始皇的重生；而襲秦
之亂道而不改的漢朝，也不過是另一個秦朝的延續」，參見氏著，《從《史
記》到《漢書》——轉折過程與歷史意義》，前引書，頁 62-87。

[83] 《史記》，卷三十，〈平準書第八〉，頁 1420。

司馬遷見盛觀衰，清楚地指出，武帝即位之初，正是漢興以來，盛極而衰的轉捩點。漢朝由盛轉衰的原因，主要是隨著武帝加強中央集權、與「外攘夷狄」[84]的政策，而逐漸衍生出許多新的問題。〈平準書〉記載，建元三年（前 138），東甌舉國內徙中國，「江淮之間蕭然煩費矣」；滅朝鮮、置滄海郡，「則燕齊之間靡然發動」；元光二年（前 133），馬邑之謀失敗，「匈奴絕和親，侵擾北邊，兵連而不解，天下苦其勞，而干戈日滋。」元光五年（前 130），司馬相如開通西南夷，「巴蜀之民罷焉」。自武帝開始「外攘夷狄」，國家財政的問題慢慢浮現，為了築朔方城、修築通往西南夷之路，「費數十百巨萬，府庫益虛。」然而，武帝的對外戰爭持續不斷，為了厚賞有功戰士，「於是大農陳藏錢經耗，賦稅既竭，猶不足奉戰士。」[85]武帝長年對外征戰，已經耗盡漢朝開國以來的府庫盈餘，為了解決國庫空虛之急務，漢廷採取以下的應急之道：

其一，採取「入物者補官，出貨者除罪」、「議令民得買爵及贖禁錮免減罪」等方法來解決國庫的空虛。這些方式雖然能一時增加國家財政的收入來源，但卻破壞了任官制度，以致於吏治大壞，史稱：「吏道雜而多端，則官職耗廢。」[86]國家選拔人才以「財」，而非「才」，則失去了王者施行仁政於天下，「尊賢使能」的原則。

84　司馬遷撰寫〈今上本紀〉作意：「漢興五世，隆在建元，外攘夷狄，內脩法度，封禪，改正朔，易服色，作〈今上本紀〉第十二。」參見《史記》，卷一百三十，〈太史公自序第七十〉，頁 3303。

85　《史記》，卷三十，〈平準書第八〉，頁 1420-1422。

86　《史記》，卷三十，〈平準書第八〉，頁 1421-1424。

　　其二，重用興利之徒，與民爭利。武帝派東郭咸陽、孔僅負責鹽鐵專賣事宜，所用之人，「除故鹽鐵家富者爲吏」，以致「吏道益雜，不選，而多賈人矣。」[87]桑弘羊爲雒陽商人之子，因長於計算，入仕爲官，繼孔僅之後，管理天下鹽、鐵事宜。武帝爲了充實國庫，破壞漢初「市井之子孫亦不得仕宦爲吏」[88]的規定已被打破，失去漢初立國重農抑商的本意。

　　桑弘羊又提出均輸、平準之法，入粟補官、贖罪的政策，他整合國家資源的經濟政策，足以供應武帝出巡之賞賜，且「民不益賦而天下用饒」。[89]司馬遷以卜式之言批評桑弘羊：「縣官當食租衣稅而已，今弘羊令吏坐市列肆，販物求利。亨弘羊，天乃雨。」[90]賈人爲國興利，漢廷與民爭利，有失王者施行仁政以養民的治國之道。

　　其三，武帝重用酷吏，例如：張湯，史稱：「天下事皆決於湯。百姓不安其生，騷動，縣官所興，未獲其利，姦吏並侵漁，於是痛繩以罪。」[91]義縱，「其治，所誅殺甚多，然取爲小治，姦益不勝，直指始出矣。」[92]王溫舒，「舞文巧詆下戶之猾，以焄大豪」，地方官吏多效法其行。酷吏之徒打擊豪強、商人的勢力，

87 《史記》，卷三十，〈平準書第八〉，頁1429。

88 《史記》，卷三十，〈平準書第八〉，頁1418。

89 《史記》，卷三十，〈平準書第八〉，頁1441。

90 《史記》，卷三十，〈平準書第八〉，頁1442。

91 《史記》，卷一百二十二，〈酷吏列傳第六十二〉，頁3150。

92 《史記》，卷一百二十二，〈酷吏列傳第六十二〉，頁3146。

「而縣官有鹽鐵緡錢之故，用益饒矣」，[93]一時彌補了財政赤字的問題。然而，《孟子》曰：「君不行仁政而富之。皆棄於孔子者也。」[94]

武帝以法御下，造成社會風氣日漸敗壞的不良影響，「而吏民益輕犯法，盜賊滋起」。[95]司馬遷記載汲黯責問張湯之言：「公為正卿，上不能褒先帝之功業，下不能抑天下之邪心，安國富民，使囹圄空虛，二者無一焉。」[96]汲黯之言，說明張湯位列九卿之一，卻不能發揚先帝之功、不務導正社會風氣、協助在上位者安國富民，實有失人臣之道。由此可見，司馬遷認同《孟子》「徒法不能以自行」的主張，[97]武帝重用酷吏，以此解決財政與社會問題，但終非長治久安的治國之道。

司馬遷強調，在上位者選擇賢臣良將的輔弼，是實現王道政治的基本條件。除了上述酷吏、興利之徒之外，武帝用人之失，也見之於將領的選擇，太史公曰：「堯雖賢，興事業不成，得禹而九州寧。且欲興聖統，唯在擇任將相哉！唯在擇任將相哉！」。[98]茲舉李廣、衛青、霍去病、李廣利四人為例，說明武帝之用人得失。

司馬遷讚美：「李廣才氣，天下無雙」，「寬緩不苛，士以此

93　《史記》，卷三十，〈平準書第八〉，頁 1435。

94　《孟子》，卷七，〈離婁章句上〉，頁 303。

95　《史記》，卷一百二十二，〈酷吏列傳第六十二〉，頁 3151。

96　《史記》，卷一百二十，〈汲黯列傳第六十〉，頁 3107。

97　《孟子》，卷七，〈離婁章句上〉，頁 184。

98　《史記》，卷一百十，〈匈奴列傳第五十〉，頁 2919。

愛樂爲用」。綜觀李廣四次出擊匈奴，幾無戰功，元光五年（前128），「所失亡多，爲虜所生得」；元朔六年（前123），「廣軍無功」；元狩二年（前121），「廣軍幾沒」；元狩四年（前119），「軍亡導，或失道」，李廣爲此引刀自剄。**99** 李廣與匈奴作戰多次失利，有其性格、帶兵上的缺失；也有武帝、衛青等人的私心與盤算；或許也與其不得封侯之命有關。**100** 然而，李廣曾經鎭守右北平，匈奴避之，不敢來犯，武帝若能善用李廣防禦匈奴的才幹，應令其鎭守邊境，而非派他至前線作戰，如此方能達到人盡其才的目的。

司馬遷肯定衛青、霍去病立功異域，屢建戰功。元朔元年（前128），衛青收復河南地；元朔五年（前124），圍擊匈奴右賢王。衛青、霍去病雖以外戚身分得到恩寵，卻能扭轉漢朝與匈奴的關係，改被動防守爲主動攻擊，終使匈奴頓走漠北，不再騷擾邊境：「衛青、霍去病亦以外戚貴幸，然頗用材能自進。」**101** 衛青不殺蘇建以立威，並以魏其侯、武安侯爲鑑，而不願推薦人才，因

---

99 《史記》，卷一百九，〈李將軍列傳第四十九〉，頁 2868-2876。

100 《史記·李將軍列傳》：「不識曰：『李廣軍極簡易，然虜卒犯之，無以禁也；而其士卒亦佚樂，咸樂為之死。』」「廣嘗與望氣王朔語曰：『自漢擊匈奴而廣未嘗不在其中，……豈吾相不當侯邪？且固命也？』……朔曰：『禍莫大於殺已降，此乃將軍所以不得侯者也。』」「大將軍青亦陰受上誡，以為李廣老，數奇，毋令當單于，恐不得所欲。而是時公孫敖新失侯，為中將軍從大將軍，大將軍亦欲使敖與俱當單于，故徙前將軍廣。」參見《史記》，卷一百九，〈李將軍列傳第四十九〉，頁 2870、2873-2874。

101 《史記》，卷一百二十五，〈佞倖列傳第六十五〉，頁 3196。

此，司馬遷形容衛青「爲人仁善退讓，以和柔自媚於上，然天下未有稱也」，並批評他「奉法遵職」以求自保的心態。[102]衛青雖貴爲大將軍，卻不能爲武帝得人，實有失人臣之道。

霍去病少年得志，元狩二年，霍去病出兵隴西，遠至焉支山千餘里，收休屠祭天金人；其夏，深入祁連山；其秋，渾邪王歸降。元狩四年，霍去病兵至寘顏山趙信城。司馬遷指出：「驃騎所將常選，然亦敢深入，常與壯騎先其大（將）軍，軍亦有天幸，未嘗困絕也」；霍去病不愛護士卒，其「重車餘弃粱肉，而士有飢者。其在塞外，卒乏糧，或不能自振，而驃騎尙穿域蹹鞠。」[103]司馬遷批評霍去病深得武帝賞識，地位尊貴，卻不能體恤士卒之失。

司馬遷記載武帝欲得大宛良馬，且「欲侯寵姬李氏，拜李廣利爲貳師將軍」，發兵攻大宛。太初元年（前104），李廣利第一次出征大宛失敗，二年之後返回敦煌，「士不過什一二」；武帝再次動員，爲此「天下騷動」，「轉車人徒相連屬至敦煌」，李廣利勞師動衆，再次伐大宛，僅得大宛善馬數十匹而歸。[104]李廣利伐匈奴失利，後來得知其家以巫蠱滅族，而投降匈奴。從司馬遷的王道思想觀之，武帝任用李廣利，實爲一己之愛，於諸將之中最爲失策；武帝用兵大宛，並非爲百姓而戰，輕啓戰端，實爲一己私利，也說明了武帝好大喜功的性格。

102　《史記》，卷一百一十一，〈衛將軍驃騎列傳第五十一〉，頁2939、2946。

103　《史記》，卷一百一十一，〈衛將軍驃騎列傳第五十一〉，頁2931、2939。

104　《史記》，卷一百一十一，〈大宛列傳第六十三〉，頁3175-3176。

　　武帝在位長達五十四年，任用之將相公卿不可勝數，從其任用之人，亦得窺見其人，限於篇幅，無法一一詳述。再舉武帝任用主父偃、徐樂、嚴安、汲黯等人爲例，說明司馬遷眼中的武帝，並非無法明辨社稷之臣，也並非不明白征伐四夷引發的問題，例如，主父偃上書言「諫伐匈奴」；徐樂上書：「閒者關東五穀不登，年歲未復，民多窮困，重之以邊境之事，……臣竊以爲陛下天然之聖，寬仁之資，而誠以天下爲務，則湯武之名不難侔，而成康之俗可復興也」；嚴安上書主張，征討四夷「此人臣之利也，非天下之長策也。」[105]主父偃、徐樂、嚴安三人，皆因直言，拜爲郎中，可見武帝嘉許其言之意。《史記‧汲鄭列傳》載：「天子方招文學儒者，上曰吾欲云云」，汲黯一語道破武帝的心思：「陛下內多欲而外施仁義，奈何欲效唐虞之治乎！」汲黯身爲人臣，善盡輔弼之責，雖「數犯主之顏色」，但武帝仍稱讚他近乎「社稷之臣」。[106]司馬遷讚美汲黯保持臣子之禮，則在上位者亦不敢不正。[107]上述舉例，皆說明漢武帝是一位能明辨賢臣的皇帝。

　　武帝晚年確立國家政策的轉變，輪臺罪己詔「深陳既往之悔」，拜田千秋爲丞相，封「富民侯」，「以明休息，思富養民也」。[108]武帝選立弗陵爲繼承人，以霍光輔政，至昭帝時，霍光

105　《史記》卷一百一十二，〈平津侯主父列傳第五十二〉，頁 2954-2960。

106　《史記》卷一百二十，〈汲鄭列傳第六十〉，頁 3106-3107。

107　《史記》卷一百二十，〈汲鄭列傳第六十〉，頁 3107：「上不冠，望見黯，避帳中，使人可其奏。其見敬禮如此。」

108　《漢書》，卷九十六下，〈西域傳第六十六下〉，頁 3913-3914：「今請遠田輪臺，欲起亭隧，是擾勞天下，非所以優民也。……當今務在禁苛

遵循武帝與民休養生息的想法，也改變了漢朝走向衰亡之勢。[109]
司馬光批評，武帝早年的施政「其所以異於秦始皇者無幾矣」，至
晚年，自覺事態嚴重，「能尊先王之道」，「晚而改過，顧託得
人」，[110]是其免於重蹈亡秦之禍的主因。

　　綜上所述，可見司馬遷仍以《史記》一以貫之的王道思想，來
作爲撰寫漢武帝的評斷標準。〈平準書〉文本清楚地反映出武帝一
朝由盛轉衰的過程，武帝選擇北伐匈奴、外攘四夷之後，不到十
年的時間，造成了國庫空虛的困境。於是武帝重用興利之臣與酷
吏，藉此重整國家的資源，然而，這種與民爭利、用法嚴密的作
爲，背棄了仁政的措施，並不符合王道思想的精神，此應爲司馬
遷批評武帝之根本原因。

暴，止擅賦，力本農，脩馬復令，以補缺，毋乏武備而已。郡國二千石
各上進畜馬方略補邊狀，與計對。」由是不復出軍。

109 昭帝始元六年（前81），召開鹽鐵會議，由丞相田千秋主持，御史大夫
桑弘羊與賢良文學進行辯論。《漢書》或《鹽鐵論》並沒有記載鹽鐵會
議辯論的最終結果，但從昭帝時期的政治發展來看，大司馬大將軍霍光
遵照武帝晚年輪臺罪己詔的指示，確立昭帝時期與民休養生息的施政方
針。參見高上雯，〈霍光與昭宣之治研究〉，《淡江史學》第19期（2008
年9月），頁19-39。

110 （宋）司馬光，《資治通鑑》，卷二十二，〈漢紀十四〉，頁747-748：
「武帝後元二年（前八七）」條臣光曰：「孝武窮奢極欲，繁刑重斂，
內侈宮室，外事四夷，信惑神怪，巡遊無度，使百姓疲敝，起爲盜賊，
其所以異於秦始皇者無幾矣。然秦以之亡，漢以之興者，孝武能尊先王
之道，知所統守；受忠直之言，惡人欺蔽，好賢不倦，誅賞嚴明，晚而
改過，顧託得人。此其所以有亡秦之失而免亡秦之禍乎！」。

結語

從司馬遷撰寫秦、漢歷史的發展過程，可以發現司馬遷確實係以王道思想，做爲評斷秦、漢歷史的重要標準。商鞅變法因「時」制宜，使秦國走向富強之道，但是秦朝統一天下之後，未能因「時」制宜，施行仁政，以致於過度使役民力，而嚴刑峻法，讓百姓苦不堪言，因而導致滅亡。司馬遷更精闢地分析秦朝的文臣、武將與秦朝興衰的關係，並由此闡述，人才的運用乃是王道政治不可或缺的條件。司馬遷肯定陳勝、吳廣抓住時機，揭竿起義所點燃的燎原大火，對反秦勢力造成深遠的影響；但也對陳勝無法善待故人與將領，因而失去人心，以至於只能短暫稱王，作出深刻的評論。司馬遷對於西楚霸王選擇以「力征」經營天下，則批評其不行仁政、不得民心、不善用人，而給予漢王取而代之的機會。

漢王劉邦稱帝，勝在深得民心與知人善任，其善用賢能的優勢，延續至開國之後，從而穩定漢初的政局。惠帝、呂太后時期，蕭規曹隨，爲經歷長年征戰的百姓，提供休養生息的重要契機。文帝深知治民之道，司馬遷盛讚其爲有德之君，也認爲漢景帝延續文帝之德，成就文、景兩代的治世。至於武帝，司馬遷指出漢朝由盛轉衰的原因，並考察武帝的政治措施與用人得失，指出其輕啓戰端、與民爭利、任用酷吏等失當之處，這些都是透過王道思想對歷史作出的評論。

第六章　結論

　　司馬遷撰寫《史記》，旨在「稽其成敗興壞之理」，亦即探究影響朝代「興」、「亡」、「盛」、「衰」的關鍵因素。本書透過夏、殷、周三代本紀的探討，得以一窺司馬遷「稽其成敗興壞之理」的「理」爲何。司馬遷在夏、殷、周三代本紀裡，強調在歷史不斷地變動的過程中，影響三代治亂興衰的原則是相同的，而關係到三代興衰的根本關鍵是：在上位者能以施行仁政爲本，尋求賢能爲輔，共同爲百姓謀求福祉。司馬遷撰寫《史記》，揭示朝代之興盛，有賴於明君與賢臣的出現，正如《史記·楚元王世家》贊曰：「國之將興，必有禎祥，君子用而小人退。國之將亡，賢人隱，亂臣貴。……賢人乎，賢人乎！」[1]君、臣之間各盡其道，順從民心，致力於王道政治的理想，大體上決定了朝代興盛之「理」。

　　司馬遷透過夏、殷、周三代本紀之記述，清楚地指出三代興亡盛衰的歷史變化與原因：第一，夏、商、周三族的興起，皆因爲「德」。夏禹、商湯、周文王、武王，或塑造德之典範，或法先世之德，皆能先盡人事，再聽天命，方能掌握時機，乘勢而起，進而創造一個新的朝代。第二，三代之繼任者，是否能遵從先祖之德，則關係到

1　《史記》，卷五十，〈楚元王世家第二十〉，頁 1990。

朝代的盛衰。具體言之，施行仁政、與任用賢臣，皆是影響朝代盛衰的重要關鍵。第三，考察商湯伐夏、周武伐紂、與犬戎滅幽王等三代覆滅的主因，皆為外力入侵所引起，細究其實際內涵，則為君主無德所致。三代是中國歷史朝代的開端，司馬遷記述三代滅亡的共同因素，包括：迷戀女色、生活奢靡、殺忠用奸，在上位者不行仁政，以致於最終無力對抗外患而滅亡。凡此種種覆滅的歷史現象，也是中國各個朝代結束的基本模式，大體而言，中國歷朝的更替皆不脫離此範疇。

司馬遷以王道思想作為撰寫夏、商、周三代歷史的標準，也以此作為檢視秦漢歷史發展之得失。秦國因時制宜，富國強兵，任用人才，所以統一東方六國；也因其未能施行符合民心期待的仁政，以致短暫滅亡，秦國的文臣、武將，應與秦始皇、二世，共同承擔秦國短暫滅亡的責任。陳勝、吳廣乘時而起，失人而亡，然其影響既深且遠。項羽名震一時，楚、漢相爭，觀雙方之民心向背、用人得失，可見真章。劉邦任用賢能，爭取民心，待時而起，建立漢朝。漢業既成，任人得當，知時務之要，穩定開國之局。惠帝無為，蕭規曹隨，呂太后稱制，天下晏然。文帝為民施行德政，君、臣配合得宜，景帝繼之，成就文、景治世。武帝得時，改弦更張，外攘四夷，百弊叢生，晚年及時修正，思富養民，託孤得人，保全漢業。

綜觀《史記》的中心思想，主要仍圍繞在孔、孟儒家的王道思想。班固認為，司馬遷父子「論大道則先黃老而後六經」，其實只是對司馬談論六家治道短長的一種誤解。司馬遷之法孔子，包含兩層意義：第一層意義是：法孔子作春秋。每一個時代歷史都需要不斷地被記錄與詮釋，正如章學誠所云：「夫道備於六經，義蘊之匿

於前者，章句訓詁足以發明之。事變之出於後者，六經不能言，固貴約六經之旨，而隨時撰述以究大道也。」[2]章氏認為六經不能記錄孔子以後所發生的歷史，然而，歷史需要被不斷地書寫，每一個新的時代，都需要以最契合當代的語言，重新傳達前賢已經闡明的思想，此即「以究大道也」。司馬遷繼孔子之後，發憤著述《史記》，即背負著此一重責大任。司馬遷在孔子之後的五百年，繼承了中國傳統史學的撰寫方式，承擔撰寫歷史的重責大任。

第二層意義是：法孔子臧否歷史。司馬遷的《史記》，是為了上述「以究大道」的目的。從夏、商、周三代歷史的記錄，可以很清楚地了解司馬遷在撰寫歷史的發展過程中，所欲彰顯的「成敗興壞之理」。司馬遷透過考察歷史發展的軌跡，於《史記》文本中揭示治民之道。司馬遷採納孔、孟的王道思想，來建構夏、殷、周三代本紀，由此看來，《史記》已不僅僅是單純的歷史記述，其中蘊藏著儒家孔、孟王道思想的內涵。孔子的德治思想為孟子所繼承、發揚，而孟子所倡導的王道思想，也對司馬遷產生了莫大的影響。從司馬遷在《史記》裡撰寫夏、殷、周三代本紀的文本之中，可以發現司馬遷對於先秦文獻史料記載的異說，多處選擇孟子之說，作為記述三代歷史發展的依據。可見，司馬遷大體上繼承孔、孟儒家王道思想的內涵，並以國君是否施行仁政、任用賢能，作為檢視朝代興亡盛衰的具體指標。

2　（清）章學誠，葉瑛校注，《文史通義校注》，卷二，〈原道下〉，（台北：里仁書局，1984），頁139。

　　儘管孔、孟儒家所主張的王道思想是一種政治理想，然而，誠如徐復觀所言：「孔子德治的思想，在中國爾後兩千多年的歷史中，盡到了『思想』所能盡的影響；因而在專制政治的歷史中，也盡到了補偏救弊的責任。德治思想實通於民主政治，也要在徹底地民主政治中才能實現。若因其在過去歷史中未曾完全實現，即目之爲神話，是油漆，這是由於根本不了解理想性地思想，在人類生活中的意義；也是根本不了解理想對現實生活的意義。沒有理想的現實，乃是沒有照明的漆黑一團的現實。」[3]

　　孔子以王道之義作春秋，孟子繼承並強化王道思想的內涵，司馬遷則承襲孔、孟的王道思想，作爲撰寫歷史的標準。王道的根本在於爲百姓施行仁政，「三代不同禮而王，五伯不同法而霸」，[4]不同的時代需要不同的治道，不必拘泥於過去的禮法，在上位者對於治道的選擇，貴能因民所需、因時制宜。《史記》之所以能成爲不朽之作，歷久彌新，貴在其主張王道的中心思想，揭示了古今不變的普世價值。

3　徐復觀，《中國思想史論集》（台北：台灣學生書局，1981），頁 224。

4　《史記》，卷六十八，〈商君列傳第八〉，頁 2229。

參考書目

一、文獻

《詩經》，（宋本毛詩注疏本），台北：藝文印書館，1996。

《尚書》，（十三經注疏補正本），台北：世界書局，1985。

《左傳》，（楊伯峻編著，《春秋左傳注》），台北：洪葉文化事業有限公司，1993。

《論語》，（劉寶楠，《論語正義》，收入《諸子集成》（一）），北京：中華書局，1996。

《孟子》，（焦循，《孟子正義》，收入《諸子集成》（一）），北京：中華書局，1996。

《荀子》，（王先謙，《荀子集解》，收入《諸子集成》（二）），北京：中華書局，1996。

《莊子》，（王先謙，《莊子集解》，收入《諸子集成》（三）），北京：中華書局，1996。

《墨子》，（孫詒讓，《墨子閒詁》，收入《諸子集成》（四）），北京：中華書局，1996。

《韓非子》，（王先慎，《韓非子集解》，收入《諸子集成》（五）），北京：中華書局，1996。

《呂氏春秋》，（高誘注，《呂氏春秋》，收入《諸子集成》（六）），北京：中華書局，1996。

《國語》（國語韋氏解本），台北：世界書局，1975。

司馬遷，《史記》，台北：鼎文書局，1995。

劉向集錄，《戰國策》，台北：里仁書局，1990。

王充，《論衡》，（收入《諸子集成》（七）），北京：中華書局，1996。

班固，《漢書》，台北：鼎文書局，1995。

范曄，《後漢書》，台北：鼎文書局，1977。

裴駰，《史記集解》，收入《新校本史記三家注并附編二種》，台北：鼎文書局，1995。

陳壽，《三國志》，台北：鼎文書局，1978。

《淮南子》，（高誘注，《淮南子》，收入《諸子集成》（七）），北京：中華書局，1996。

（唐）房玄齡等，《晉書》，台北：鼎文書局，1975。

（唐）劉知幾，《史通釋評》，台北：華世出版社，1975。

（唐）張守節，《史記正義》，收入《新校本史記三家注并附編二種》，台北：鼎文書局，1995。

（唐）司馬貞，《史記索隱》，收入《新校本史記三家注并附編二種》，台北：鼎文書局，1995。

（宋）朱熹，《四書章句集注》，台北：藝文印書館，1996。

（宋）歐陽修，《歐陽修全集》，台北：世界書局，1961。

（宋）司馬光，《資治通鑑》，台北，世界書局，1993。

（明）凌稚隆輯校、李光縉增補，《史記評林》，天津：天津古籍出版社，1998。

（明）顧炎武，《日知錄集釋》，上海：上海古籍出版社，2006。

（清）陳逢源，《竹書紀年集證》，（清嘉慶～道光間江都陳氏裛露軒刊本）。

（清）章學誠，葉瑛校注，《文史通義校注》，台北：里仁書局，1984。

（清）包世臣，《藝舟雙楫》，收入王水照編《歷代文話第六冊》，上海：復旦大學出版社，2007。

（清）牛運震；崔凡芝校釋，《空山堂史記評註校釋：附史記糾謬》，北京：中華書局，2012。

（清）康有爲，《孟子微》，台北：台灣商務印書館，1970。

（清）梁玉繩，《史記志疑》，台北：新文豐出版公司，1984。

（清）王國維，《觀堂集林》，北京：中華書局，1999。

（清）吳見思著、陸永品點校整理，《史記論文》，上海：上海古籍出版社，2008。

（清）李景星著、陸永品點校整理，《史記評議》，上海：上海古籍出版社，2008。

（清）朱右曾輯祿，《汲冢紀年存眞》，（歸硯齋藏板），台北：新興書局，1959。

（清）朱右曾輯、（清）王國維校補，《古本竹書紀年輯校》，台北：藝文印書館，1958。

二、專書（依姓名筆劃排序）

丁　山，《甲骨文所見氏族及其制度》，北京：中華書局，1999。

尹盛平，《周原文化與西周文明》，南京：鳳凰出版社，2004。

王　健，《西周政治地理結構研究》，鄭州：中州古籍出版社，2004。

王　暉，《古文字與商周史新證》，北京：中華書局，2003。

王玉哲，《中華遠古史》，上海：上海人民出版社，1999。

王仲孚，《中國上古史專題研究》，台北：五南圖書公司，1996。

王明信、俞樟華，《司馬遷思想研究》，北京：華文出版社，2005。

王明閣，《先秦史》，哈爾濱：黑龍江人民出版社，1983。

王國維，《王國維考古學文輯》，南京：鳳凰出版社，2008。

王德培，《西周封建考實》，北京：光明日報出版社，1998。

王震中，《中國文明起源的比較研究》，西安：陝西人民出版社，1994。

北京師範大學國學研究所主編，《武王克商之年研究》，北京：北京師範大學
　　出版社，1997。

吉　春，《司馬遷年譜新編》，西安：三秦出版社，1989。

安秋平等，《史記通論》，北京：華文出版社，2005。

朱雲影，《中國上古史》，（國立台灣師範大學歷史系講義），台北：國立台
　　灣師範大學歷史系自印，1987。

牟宗三，《政道與治道》，台北：台灣學生書局，1980。

余太山，《古族新考》，北京：中華書局，2000。

吳福助，《史記解題》，台北：國家出版社，1982。

吳龍輝，《原始儒家考述》，北京：中國社會科學出版社，2000。

呂世浩，《從《史記》到《漢書》——轉折過程與歷史意義》，台北：國立台
　　灣大學出版中心，2009。

宋鎮豪主編，〈商代史〉課題組著、宋鎮豪主筆，《商代史論綱》，（《商代
　　史》・卷一），北京：中國社會科學出版社，2010。

宋鎮豪主編，韓江蘇、江林昌著，《《殷本紀》訂補與商史人物徵》，（《商
　　代史》・卷二），北京：中國社會科學出版社，2010。

宋鎮豪主編，王震中著，《商族起源與先商社會變遷》，（《商代史》・卷三），
　　北京：中國社會科學出版社，2010。

宋鎮豪主編，官長為、徐義華著，《殷遺與殷鑒》，（《商代史》・卷十一），
　　北京：中國社會科學出版社，2010。

李　峰，《西周的滅亡》，上海：上海古籍出版社，2007。

李先登，《夏商周青銅文明探研》，北京：科學出版社，2001。

李宗侗，《中國古代社會》，台北：中國文化大學出版部，1986。

李長之，《司馬遷之人格與風格》，台北：里仁書局，1997。

李紀祥，《史記五論》，台北：文津出版社，2007。

李學勤，《殷代地理簡論》，台北：木鐸出版社，1982。

李學勤主編,《中國古代文明與國家形成研究》,昆明:雲南人民出版社,1998。

李學勤主編,孟世凱著,《商史與商文明》,上海:上海科學技術文獻出版社,2007。

李學勤主編,張廣志著,《西周史與西周文明》,上海,上海科學技術文獻出版社,2007。

李學勤主編,詹子慶著,《夏史與夏文明》,上海:上海科學技術文獻出版社,2007。

李學勤主編、丁季華、龔若棟等編著,《中國古代文明起源》,上海:上海科學技術文獻出版社,2007。

杜正勝,《周代城邦》,台北:聯經出版事業公司,1979。

沈長云,《先秦史》,北京:人民出版社,2006。

邢義田,《秦漢史論稿》,台北:東大圖書公司,1987。

周延良,《夏商周原始文化要論》,北京:學苑出版社,2005。

周書燦,《西周王朝經營四土研究》,鄭州:中州古籍出版社,2000。

林劍鳴,《秦漢史》,上海:上海人民出版社,2003。

金景芳,《中國奴隸社會史》,上海:上海人民出版社,1983。

金德建,《司馬遷所見書考》,上海:上海人民出版社,1963。

姚秀彥,《秦漢史》,台北:里仁書局,1981。

胡厚宣、胡振宇,《殷商史》,上海:上海人民出版社,2003。

韋葦,《司馬遷的經濟思想》,西安:陝西人民教育出版社,1995。

夏商周斷代工程專家組,《夏商周斷代工程1996-2000年階段成果報告‧簡本》,北京:世界圖書出版公司北京公司,2000。

夏曾佑,《中國古代史》,台北:台灣商務印書館,1994。

孫淼,《夏商史稿》,北京:文物出版社,1987。

徐中舒,《徐中舒歷史論文選輯》,北京:中華書局,1998。

徐中舒,《徐中舒先秦史講義》,天津:天津古籍出版社,2008。

徐炳昶,《中國古史的傳說時代》,台北:里仁書局,1999。

徐復觀，《兩漢思想史》，台北：台灣學生書局，1979。

徐復觀，《中國思想史論集》，台北：台灣學生書局，1981。

徐復觀，《儒家政治思想與民主自由人權》，台北：台灣學生書局，1988。

徐興海，《司馬遷的創造思維》，西安：陝西人民教育出版社，1995。

晁福林，《夏商西周的社會變遷》，北京：北京師範大學出版社，1999。

秦照芬，《商周時期的祖先崇拜》，台北：蘭臺出版社，2003。

袁傳璋，《太史公生平著作考論》，合肥：安徽人民出版社，2005。

高柏園，《孟子哲學與先秦思想》，台北：文津出版社，1996。

張大可，《司馬遷評傳》，北京：華文出版社，2005。

張大可、趙生群等，《史記文獻與編纂學研究》，北京：華文出版社，2005。

張立文主編，陸玉林著，《中國學術通史（先秦卷）》，北京：人民出版社，
　　2004。

張光直，《中國青銅時代》，台北：聯經出版事業公司，1994。

張高評主編，《史記研究粹編》，高雄：復文圖書公司，1992。

張新科，《史記學概論》，北京：商務印書館，2003。

張維嶽編，《司馬遷與史記新探》，台北：崧高書社，1985。

許宗興，《孟子的哲學》，台北：台灣商務印書館，1989。

郭沫若，《奴隸制時代》，北京：中國人民出版社，1954。

郭偉川，《兩周史話》，北京：北京圖書館出版社，2006。

郭偉川編，《周公攝政稱王與周初史事論集》，北京：北京圖書館出版社，1998。

郭靜云，《夏商周：從神話到史實》，上海：上海古籍出版社，2013。

陳　來，《古代宗教與倫理──儒家思想的根源》，北京：三聯書店，1996。

陳　直，《史記新證》，北京：中華書局，2006。

陳　曦，《《史記》與周漢文化探索》，北京：中華書局，2007。

陳全方，《周原與周文化》，上海：上海人民出版社，1998。

陳桐生，《《史記》與今古文經學》，西安：陝西人民教育出版社，1995。

陳桐生，《中國史官文化與《史記》》，汕頭：汕頭大學出版社，1998。

程金造，《史記管窺》，西安：陝西人民出版社，1985。

逯耀東，《抑鬱與超越——司馬遷與漢武帝時代》，台北：東大圖書公司，2007。

黃沛榮編，《史記論文選集》，台北：長安出版社，1991。

黃俊傑，《孟子思想史論（卷一）》，台北：東大圖書公司，1991。

黃俊傑，《孟學思想史論（卷二）》，台北：中研院文哲所籌備處，1997。

楊　寬，《西周史》，台北：台灣商務印書館，1999。

楊向奎，《宗周社會與禮樂文明》，北京：人民出版社，1997。

楊燕起，《《史記》的學術成就》，北京：北京師範大學出版社，1999。

楊燕起、陳可青、賴長揚滙輯，《史記集評》，北京：華文出版社，2005。

萬光軍，《孟子仁義思想研究》，濟南：山東大學出版社，2009。

詹子慶，《先秦史》，瀋陽：遼寧人民出版社，1984。

熊十力，《韓非子評論》，台北：台灣學生書局，1977。

趙生群，《《史記》編纂學導論》，北京：鳳凰出版社，2006。

蔣　慶，《政治儒學：當代儒學的轉向、特質與發展》，台北：養正堂文化，
　　2003。

鄭杰祥，《新石器文化與夏代文明》，南京：江蘇教育出版社，2005。

鄭鶴聲，《司馬遷年譜》，上海：商務印書館，1957。

黎東方，《中國上古史八論》，台北：中國文化大學出版社，1983。

賴明德，《司馬遷之學術思想》，台北：洪氏出版社，1982。

錢　穆，《中國史學名著》，台北：三民書局，1993。

錢　穆，《中國學術思想史論叢（三）》，台北：蘭臺出版社，2000。

錢　穆，《古史地理論叢》，北京：三聯書店，2004。

錢　穆，《秦漢史》，台北：東大圖書公司，2006。

錢　穆，《國史大綱》，台北，台灣商務印書館，1991。

閻崇東，《史記史學研究》，北京：華文出版社，2005。

韓兆琦，《史記箋證》，南昌：江西人民出版社，2005。

（美）艾蘭，《世襲與禪讓》，北京：北京大學出版社，2003。

（美）夏含夷，《溫故知新錄──商周文化史管見》，台北：稻禾出版社，1997。

三、期刊（依姓名筆劃排序）

于省吾，〈略論圖騰與宗教起源和夏商圖騰〉，《歷史研究》1959 年第 11 期，
　　頁 60-69。

王仲孚，〈堯舜傳說試釋〉，收入氏著，《中國上古史專題研究》，（台北：
　　五南圖書公司，1996），頁 299-353。

王仲孚，〈大禹與夏初傳說試釋〉，收入氏著，《中國上古史專題研究》，（台
　　北：五南圖書公司，1996），頁 355-426。

王仲孚，〈殷先公先王與成湯傳說試釋〉，收入氏著，《中國上古史專題研究》，
　　（台北：五南圖書公司，1996），頁 483-520。

王仲孚，〈殷商覆亡原因試釋〉，收入氏著，《中國上古史專題研究》，（台
　　北：五南圖書公司，1996），頁 521-548。

王國維，〈古史新證〉，收入氏著《王國維考古學文輯》，（南京：鳳凰出版
　　社，2008），頁 23-30。

王國維，〈殷卜辭中所見先公先王考〉，收入氏著《觀堂集林》第二冊，（北
　　京，中華書局，1999），卷九，頁 425-427。

王國維，〈殷卜辭中所見先公先王續考〉，收入氏著《觀堂集林》第二冊，（北
　　京，中華書局，1999），卷九，頁 437-440。

王國維，〈殷周制度論〉，收入氏著《王國維考古學文輯》，（南京：鳳凰出
　　版社，2008），頁 51-62。

朱君孝，〈周族的起源及其遷徙〉，收入陝西歷史博物館編，《西周史論文集》
　　（上），（西安：陝西人民教育出版社，1993），頁 387-401。

吳汝煜，〈司馬遷所遭「李陵之禍」探討──兼談司馬遷與漢武帝的一段關
　　係〉，《徐州師範大學學報》1982 年第 4 期，頁 62-66。

吳汝煜，〈司馬遷的儒道思想辨析〉，《人文雜志》1984年第3期，頁81-87。

吳汝煜，〈《史記》與公羊學〉，收入張高評主編，《《史記》研究粹編（一）》，
　　（高雄：復文圖書公司，2001），頁377-395。

吳龍輝，〈傑出的儒學傳人司馬遷〉，《原始儒家考述》，（北京：中國社會
　　科學出版社，2000），頁214-256。

呂世忠，〈論伊尹〉，收入陸現柱、楊文學、李正堂主編，《夏商周文明研究》，
　　（北京：中國文聯出版社，1999），頁442-454。

李丕基，〈武王克殷年月考〉，收入北京師範大學國學研究所主編，《武王克
　　商之年研究》，（北京：北京師範大學出版社，1997），頁500-506。

李裕民，〈伊尹的出身及其姓名考辨〉，《山西大學學報》1983年第4期，
　　頁98-103。

李　濟，〈安陽發掘與中國古史問題〉，收入張光直、李光漠編《李濟考古學
　　論文選集》，（北京：文物出版社，1990），頁801-802。

杜正勝，〈西周封建的特質——兼論夏政商政與戎索周索〉，收入杜正勝編，
　　《中國上古史論文選集》下冊，（台北：華世出版社，1979），頁651-696。

杜正勝，〈試論先秦的成湯傳說〉，《大陸雜誌》第47卷第2期（1973年8
　　月），頁44-59。

杜金鵬，〈商湯伐桀之史實與其歷史地理問題〉，《史學月刊》1988年第1
　　期，頁6-10。

阮芝生，〈三司馬與漢武帝封禪〉，《臺大歷史學報》第20期（1996年6月），
　　頁1-60。

阮芝生，〈太史公怎樣搜集和整理史料〉，《書目季刊》第7卷第4期（1974
　　年3月），頁17-35。

阮芝生，〈司馬遷之心——〈報任少卿書〉析論〉，《臺大歷史學報》第26
　　期（2000年12月），頁151-205。

阮芝生，〈試論司馬遷所說的「究天人之際」〉，《史學評論》第6期（1979
　　年12月），頁39-79。

阮芝生，〈試論司馬遷所說的「通古今之變」〉，收入沈剛伯先生八秩榮慶論
　　文集編輯委員會主編，《沈剛伯先生八秩榮慶論文集》，（台北：聯經出
　　版公司，1976），頁 253-284。

阮芝生，〈論史記五體及「太史公曰」的述與作〉，《國立臺灣大學歷史學報》
　　第 6 期（1979 年 12 月），頁 17-43。

阮芝生，〈論史記中的孔子與春秋〉，《臺大歷史學報》第 23 期（1999 年 6
　　月），頁 1-60。

屈萬里，〈西周史事概述〉，收入北京師範大學國學研究所主編，《武王克商
　　之年研究》，（北京：北京師範大學出版社，1997），頁 627-647。

易　平，〈論司馬遷寫當代史成一家之言〉，《史學理論研究》1997 年第 2
　　期，頁 26-35。

金景芳，〈周公對鞏固姬周政權所起的作用〉，收入郭偉川編，《周公攝政稱
　　王與周初史事論集》，（北京：北京圖書館出版社，1998），頁 63-76。

施　丁，〈司馬遷寫當代史〉，《歷史研究》1979 年第 7 期，頁 38-51。

施　丁，〈試論司馬遷的政治觀──關於『稽其成敗興壞之理』〉，《東岳
　　論叢》1981 年第 4 期，頁 80-86。

施　丁，〈司馬遷生年考──兼及司馬遷入仕考〉，《杭州大學學報》第 14
　　卷第 3 期（1984 年 9 月），頁 124-131。

施　丁，〈論司馬遷的「通古今之變」〉，收入張維嶽編，《司馬遷與史記新
　　探》，（台北：崧高書社，1985），頁 67-102。

徐中舒，〈殷周之際史蹟之檢討〉，原刊《國立中央研究院歷史語言研究所集
　　刊》第 7 本第 2 分（1936 年 12 月）。收入氏著，《徐中舒歷史論文選輯》，
　　（北京：中華書局，1998），頁 652-691。

徐中舒，〈論堯舜禹禪讓與父系家族私有制的發生和發展〉，原載《四川大學
　　學報》1958 年第 1 期。收入氏著，《徐中舒歷史論文選輯》，（北京：
　　中華書局，1998），頁 971-993。

徐喜辰，〈論伊尹的出身及其在湯伐桀中的作用〉，《人文雜志》1990 年第 3 期，頁 77-79。

徐復觀，〈孔子德治思想發微〉，《中國思想史論集》，（台北：台灣學生書局，1981），頁 209-225。

秦照芬，〈夏初王權確立之戰──論《尚書‧甘誓》篇〉，《中國上古史研究專刊》第 4 期（2006 年 9 月），頁 1-23。

袁伯誠，〈試論司馬遷「發憤著書」的因素和條件──兼論《史記》成功的原因〉，收入張維嶽編，《司馬遷與史記新探》，（台北：崧高書社，1985），頁 53-66。

高上雯，〈從呂后與漢初功臣的關係看《史記‧呂太后本紀》的筆法〉，《淡江史學》第 24 期（2012 年 9 月），頁 65-96。

高上雯，〈霍光與昭宣之治研究〉，《淡江史學》第 19 期（2008 年 9 月），頁 19-39。

張大可，〈試論司馬遷的「一家之言」〉，收入張維嶽編，《司馬遷與史記新探》，（台北：崧高書社，1985），頁 103-124。

張仲良，〈司馬遷的「功利觀」〉，收入張維嶽編，《司馬遷與史記新探》，（台北：崧高書社，1985），頁 173-184。

張光直，〈殷周關係的再檢討〉，收入氏著，《中國青銅器時代》，（台北：聯經出版事業公司，1994），頁 102。

張碧波，〈伊尹論〉，《學習與探索》2004 年第 2 期，頁 122-128。

張寶明，〈從甲骨文鐘鼎文看商湯祈雨的真實〉，《浙江社會科學》2004 年第 4 期，頁 165-170。

許倬雲，〈周東遷始末〉，收入杜正勝編，《中國上古史論文選集》下冊，（台北：華世出版社，1979），頁 697-728。

郭沫若，〈太史公行年考有問題〉，《歷史研究》1955 年第 6 期，頁 125-128。

郭偉川，〈周公稱王與周初禮治——《尚書·周書》與《逸周書》新探〉，收
　　入郭偉川編，《周公攝政稱王與周初史事論集》，（北京：北京圖書館出
　　版社，1998），頁 187-226。

陳　曦，〈司馬遷與孔子——兩位文化巨人崇古意識之比較〉，《《史記》與
　　周漢文化探索》，（北京：中華書局，2007），頁 211-221。

陳夢家，〈殷代社會的歷史文化〉，收入杜正勝編，《中國上古史論文選集》
　　下冊，（台北：華世出版社，1979），頁 813-831。

陳夢家，〈商殷與夏周的年代問題〉，收入北京師範大學國學研究所主編，《武
　　王克商之年研究》，（北京：北京師範大學出版社，1997），頁 613-626。

傅斯年，〈夷夏東西說〉，《傅斯年全集》第三冊，（台北：聯經出版事業公
　　司，1980），頁 86-157。

程金造，〈從三家注商榷司馬遷的生年〉，《史記管窺》，（西安：陝西人民
　　出版社，1985），頁 85-104。

楊向奎，〈周公攝政與成王建國〉，收入郭偉川編，《周公攝政稱王與周初史
　　事論集》，（北京：北京圖書館出版社，1998），頁 77-107。

楊東晨、楊建國，〈論周王翦商的戰略〉，收入陝西歷史博物館編，《西周史
　　論文集》（上），（西安：陝西人民教育出版社，1993），頁 415-421。

楊　寬，〈禹、句龍與夏后、后土〉，收入氏著，《楊寬古史論文選集》，（上
　　海：世紀出版集團，2003），頁 333。

董作賓，〈殷代禮制中的新舊兩派〉，收入《甲骨學六十年》，（台北：藝文
　　印書館，1965）。

劉炳福，〈司馬遷的政治思想〉，《學術月刊》1963 年 11 月，頁 57-65。

劉軍社，〈太王「翦商」史事辨〉，收入陝西歷史博物館編，《西周史論文集》
　　（上），（西安：陝西人民教育出版社，1993），頁 402-414。

鄭杰祥，〈商湯伐桀路線新探〉，《中原文物》2007 年第 2 期，頁 37-40。

鄭鶴聲，〈司馬遷生平及其在歷史學上的偉大貢獻〉，收入張維嶽編，《司馬
　　遷與史記新探》（台北：崧高書社，1985），頁 1-30。

鄭鶴聲，〈司馬遷生年問題的商榷〉，《司馬遷年譜》，（上海：商務印書館，1957），頁 9-10。

蕭　黎，〈論司馬遷的政治思想〉，收入張維嶽編，《司馬遷與史記新探》（台北：崧高書社，1985），頁 155-172。

錢　穆，〈中國古代大史學家司馬遷〉，收入氏著，《中國學術思想史論叢（三）》，（台北：蘭臺出版社，2000），頁 6-15。

錢　穆，〈太史公考釋〉，收入氏著《中國學術思想史論叢（三）》，（台北：蘭臺出版社，2000），頁 22-34。

錢　穆，〈司馬遷生年考〉，收入氏著，《中國學術思想史論叢（三）》，（台北：蘭臺出版社，2000），頁 16-21。

駱嘯聲，〈論伊尹〉，《社會科會戰線》1987 年第 1 期，頁 149-155。

聶石樵，〈論司馬遷的思想〉，收入張高評編，《史記研究粹編（一）》，（高雄：復文圖書公司，1992），頁 398-399。

羅獨修，〈大禹治水與國家起源一些關鍵問題之探討〉，《中國上古史研究專刊》第 3 期（2003 年 8 月），頁 67-82。

羅獨修，〈伊尹事績考〉，《中國上古史研究專刊》第 4 期（2006 年 9 月），頁 63-82。

顧頡剛，〈與錢玄同先生論古史書〉，收入《古史辨》第一冊中編，（上海：上海書店，1930），頁 59-61。

顧頡剛，〈討論古史答劉胡二先生〉，收入《古史辨》第一冊中編，（上海：上海書店，1930），頁 105-150。

顧頡剛，〈紂惡七十事的發生次第〉，收入《古史辨》第二冊上編，（上海：上海書店，1930），頁 82-93。

顧頡剛，〈「有夏」解〉附函，收入呂思勉、童書業編著，《古史辨》第七冊上編，（上海：上海書店，1941），頁 291-292。

顧頡剛，〈禪讓傳說起於墨家考〉，收入呂思勉、童書業編著，收入《古史辨》第七冊下編，（上海：上海書店，1941），頁 30-107。

顧頡剛，〈周公執公稱王──周東東征史事考證之二〉，收入郭偉川編，《周
　　公攝政稱王與周初史事論集》（北京：北京圖書館出版社，1998），頁
　　16-62。

（美）班大爲，〈天命的宇宙─政治背景〉，收入北京師範大學國學研究所主
　　編，《武王克商之年研究》，（北京：北京師範大學出版社，1997），頁
　　416-430。

（美）夏含夷，〈周公居東新說──兼論《召誥》、《君奭》著作背景和意旨〉，
　　收入郭偉川編，《周公攝政稱王與周初史事論集》，（北京：北京圖書館
　　出版社，1998），頁 133-147。

國家圖書館出版品預行編目資料

司馬遷的王道思想——以史記夏殷周本紀爲例

高上雯著. – 初版. – 臺北市：臺灣學生，2014.05
面；公分

ISBN 978-957-15-1614-1 (平裝)

1.（漢）司馬遷 2. 史記 3. 學術思想 4. 研究考訂

610.11   103010393

司馬遷的王道思想——以史記夏殷周本紀爲例

著　作　者：高　　　　上　　　　雯
出　版　者：臺 灣 學 生 書 局 有 限 公 司
發　行　人：楊　　　　雲　　　　龍
發　行　所：臺 灣 學 生 書 局 有 限 公 司
　　　　　　臺北市和平東路一段七十五巷十一號
　　　　　　郵 政 劃 撥 帳 號 ： 0 0 0 2 4 6 6 8
　　　　　　電　話　：（ 0 2 ） 2 3 9 2 8 1 8 5
　　　　　　傳　眞　：（ 0 2 ） 2 3 9 2 8 1 0 5
　　　　　　E-mail：student.book@msa.hinet.net
　　　　　　http：//www.studentbook.com.tw
本 書 局 登
記 證 字 號：行政院新聞局局版北市業字第玖捌壹號
印　刷　所：長　欣　印　刷　企　業　社
　　　　　　新北市中和區中正路九八八巷十七號
　　　　　　電　話　：（ 0 2 ） 2 2 2 6 8 8 5 3

定價：新臺幣三五〇元

二　〇　一　四　年　五　月　初　版

61010
ISBN 978-957-15-1614-1 (平裝)

臺灣 學生書局 出版
史學叢刊